『바가와드 기따』는 '인도인이 가장 사랑하는 고전'으로 알려져 있다. 이 '신의 노래'는 단지 '경전'으로만 머무는 것이 아니라 오늘날에도 거리의 각종 수행자와 '요가' 등 삶 속에서 여전히 살아 숨쉬고 있다. 또한 우리에게도 『우빠니샤드』에서 가져온 '범아일여' 사상의 대중적 설명 그리고 '믿음信, 앎知, 행함行'의 가르침과 관련해 '인도 지혜의 정수'로 널리 알려져 있다. 힌두교 3대 경전 중 하나인 이 종교적 · 철학적 교훈시는 동서양의 여러 지성으로부터 '깨어 있는 영혼의 지혜의 책' 등으로 극찬 받아왔다. 하지만 '영혼의 지고의 노래'라는 보편성만큼이나 전쟁과 스와다르마를 둘러싼 논쟁적 특수성을 동시에 내포하고 있다. 따라서 『마하바라따』의 본래 맥락에서, 싼스끄리뜨 원어로, 풍부한 주해 속에서 『기따』의 원래 정신을 읽는 일이 무엇보다 요긴하다.

고대의 많은 서사시처럼 『마하바라따』도 기본적으로 전쟁 중심 서사시이다. 인류사 초기에는 '약탈'이나 '정복' 등 전쟁은 주로 외부로 정향되어 있었다. 어찌 보면 생존과 관련된 '동물적' 차원에 머무르거나 '외부'의 '적'을 대상으로 했으며 전쟁은 그 자체가 목적이자 수단이었다. 하지만 어느 순간부터 전쟁은 '내부'를 향하며, 이 내부는 국가의 성립과 함께 왕권의 정통성을 핵심으로 하게 된다. 그것은 『기따』에서처럼 사촌간의 골육상쟁은 물론이고 중국의 역사가 수없이 증언하듯이 부자관계까지 비극으로 물들인다.

'전쟁은 정치(=이데올로기)의 연장'이게 된다. 할아버지와 스승과 친인척을 죽여야 하는
전쟁을 거부하는 '아르주나의 실의失意'는 전쟁 논리의 그러한 단절의 전형적 표현이다.
역사철학자 헤겔이 『안티고네』를 두고 말하듯이 그는 안티고네처럼 피의 공동체 중심의
'인륜성人倫性 단계의 윤리'에 머문다. 그러나 결국 일종의 '국가=이성'인 크레온이 패배
하는 『안티고네』에서와 달리 『기따』에서는 '왕권의 정통성'이 승리해 인륜성 파괴의 무수
한 피를 부르는 비극이 펼쳐진다.

꾸루 들녘에 선 아르주나와 끄르슈나. 끄르슈나는 아르주나의 어머니 꾼띠의 조카였으며, 끄르슈나의 누이가 아르주나의 아내 수바드라로 둘 간의 인간적 관계는『기따』이전까지는 벗이자 친척이었다. 그러다『기따』에서는 전사-마부 관계가 된다. 아르주나와 끄르슈나는 전생에서 나라와 나라야나라는 쌍으로 언급되는 빼어난 옛 선인이었다. 다만 아르주나가 전생을 기억하지 못하는 반면 끄르슈나는 스스로 나라야나임을 알고 있는 점에서 신과 인간의 다른 점을 볼 수 있다. 아무튼『기따』를 변곡점으로 한 사람은 '인간적인, 너무나 인간적인' 모습으로 '실의'에 빠지고 다른 한 사람은 '신적인, 너무나 신적인' 본모습을 드러낸다. 따라서 둘 간의 관계 또한 '말하다-듣다'의 대화가 아니라 '가르치다-배우다'의 스승-제자 관계로 변하며, 이 부분에서『기따』는 서사시에서 경전으로 형식이 바뀐다. 가령『일리아스』에서 신적인 것에서 인간적인 것으로 무게가 점점 옮겨가면서 인간적 성숙에 이르는 이야기 흐름과는 정반대이다. 신적인 것의 절대성에 대한 옹호, 스와다르마라는 기성질서에 대한 정당화 등『기따』는 철학-종교-정치의 미분화 상태 또는 본원적 통일 상태를 보여주는 걸까?(물론 이를 두고 어느 한쪽 논리의 우위를 운운할 일은 아니다).

『기따』가 인도인이 가장 사랑하는 고전이라면 끄르슈나 — '검은 이'
— 는 인도인이 가장 사랑하고 친근하게 느끼는 신이다. 끄르슈나가
있었기에, 특히 그의 어린 시절의 온갖 기담과 영웅담 덕분에(외삼촌
이 보낸 말-괴물 께쉰을 죽이는 꼬마 끄르슈나는 헤라가 보낸 뱀들을
죽이는 꼬마 헤라클레스와 상동적이다) 힌두 신화가 훨씬 더 풍성해
졌다고 할 수 있을 것이다. 위슈누의 8번째 화신인 끄르슈나는 『기따』
에서는 다른 모든 화신의 근원이자 절대 인격신의 본래 형상으로 제
시된다. 하지만 다른 맥락에서는 여느 신들과 달리 개구쟁이, 장난꾸
러기, 목동, 젊은 연인, 전사, 왕, 성자 등 그의 형상은 매우 다양하며,
인간적이고, 너무나 인간적이다. 절대의 면모 외에도 음악과 춤, 사랑
과 연애('바람둥이'?)의 신이기도 하다. 이처럼 '신적인 것-인간적인
것' 간의 구분과 넘나듦을 푯대로 그리스로마 신화 등 여러 신화와 비
교해보는 것도 흥미로울 것이다.

'인도'하면 흔히 불교와 함께 '요가'를 동시에 떠올릴 정도로 인도는 '수행'과 '고행'의 나라이다. 힌두교는 거리에서 흔히 보이는 비출가 수행자 등 현실의 절대적 초월보다는 일종의 세속적 초월의 종교처럼 보인다. 그래서인지 어느 종교보다 더 '거리의 종교', '생활 속의 실천의 종교' 같다. 『기따』는 그렇게 서구와 전혀 다르게 '나我'를 '나의 구성요소'와 '브라흐만=범梵'과의 관계에 대해 들려준다.

동시에 '믿음', '행함', '앎'과 관련된 다양한 '요가'를 제시하면서 '삶의 실천으로서의 종교'의 구체적 방법을 알려준다. 많은 싼스끄리뜨 개념이 그렇듯 '요가'에도 다양한 뜻이 담겨 있다. 어원은 일반적으로 '엮다', '조절하다', '합일하다' 혹은 '무아지경에 빠지다', '명상하다' 등의 뜻을 지닌 'yuj'로 본다. 『요가 수뜨라』 첫머리에서 '요가는 마음작용을 멈추는 것'이라고 정의한다. 요가의 목적은 '숱한 문젯거리에서 사람을 놓여나게 하는 것'이다.

Dr.B.R.Ambedkar giving 'Deeksha' to his 4,00,000 followers at the Historical Conversion Ceremony assembled at Nagpur

종교와 철학의 초월적 논리는 항상 구체적 현실을 배경으로 하는데, 불교의 도전이 상징적으로 보여주듯이 이 브라만 경전 속에도 보편적 해방과 구체적 현실 간의 변증법이 여실히 감추어져 있다. 『기따』는 성스럽다는 노래인 만큼이나 브라만계급 입장에서 스와다르마를 정당화하는 텍스트이기도 하다. 따라서 그에 대한 평가가 극단적으로 엇갈리는 것은 당연할 것이다. 그리하여 조석으로 『기따』를 읽었다는 간디와 '철학을 종교로 꽃피우는 삶의 지혜'라는 헤르만 헤세의 찬양 그리고 반면 그것을 카스트 제도를 옹호하는 악서로 규정하는 인도의 불가촉천민의 아버지 암베드까르J. B. Ambedkar의 ― 간디의 동시대인으로 카스트제도로 인한 불평등을 개선하고자 천민의 불교개종운동을 펼쳤다 ― 비판은 중간에 만날 길이 없어 보인다. 이처럼 '원근고저'에 따라 다양한 모습을 띠는 『기따』의 진면목은 이 텍스트 안에 발을 들여놓는 '내 마음 속'에 있는 것이 아닐까?[도판의 선정과 설명 글은 조형준의 것이다. 역자와 상의했지만 혹시라도 있을 오류와 오해에 대한 책임은 모두 조형준에게 있다]

바가와드 기따

भगवद् गीता

바가와드 기따

भगवद् गीता

박경숙이 싼스끄리뜨 원어에서 옮기고
역사적·비평적 주해로 길을 잡음

NOUVELLE VAGUE

4

샘물결

भगवद् गीता
Copyright ⓒ 새물결, 2021
All rights reserved.

옮긴이 박경숙
이 책을 싼스끄리뜨에서 옮기고 주해를 두어 길을 안내한 박경숙은 동아대학교를 졸업
하고 1991년에 인도의 뿌네 대학에 유학해 빠알리어 전공으로 석사 학위를 받았다.
빠알리어와 싼스끄리뜨어를 통해 인류 문화의 뿌리에 자리 잡고 있는 인도 문화와 문학을
공부하는 것을 업으로 삼은 옮긴이는 이후 같은 대학의 대학원에서 싼스끄리뜨어 석사 학위를
받은 뒤 『인도의 신들 — 베다, 이띠하사, 빠알리어 비교 연구』로 박사학위를 받았다.
옮긴 책으로는 『샤꾼딸라』와 『메가두따』가 있으며, 현재 싼스끄리뜨·빠알리 연구소 소장
으로 있다.

바가와드 기따

옮긴이 | 박경숙
화보 구성·글 | 조형준
펴낸이 | 조형준
펴낸곳 | 새물결
1판 인쇄 | 2022년 4월 6일
1판 발행 | 2022년 5월 5일
등록 | 서울 제15-52호(1989.11.9)
주소 | 서울시 강남구 학동로 335 10층(다른타워 빌딩)
전화 | (편집부) 02-3141-8696 (영업부) 02-3141-8697
이메일 | saemulgyul@gmail.com
ISBN 978-89-5559-434-8

본서의 출판에는 〈(법무법인) 고구려〉의 재정적 후원이 있었습니다.
너른 후의에 감사의 인사를 드립니다.

일러두기

1. 싼스끄리뜨어와 빠알리어 표기법은 저자 고유의 것이며,『마하바라따』와 동일한 원칙을 따랐다.
2. 고대 전적의 경우 서적이 분명한 경우에는『베다』식의 현대적 약물표기법을 따랐다.

차례

|

그처럼 다양하나 판단은
결국 듣는 자와 읽는 자의 몫

『바가와드 기따』는 매우 광범위하게 읽히는 힌두교의 소의경전所依
經典이다. 『마하바라따』의 수많은 에피소드 중 하나[1]인 이 작품은 수행
해야 하나 망설이지 않을 수 없는 전쟁, 망설이고 주저앉게 되나 반드시
해야만 하는 친척 간의 전쟁에서 주체가 되어 싸워야 하는 주인공 아르
주나 그리고 그런 운명적 전쟁을 받아들이도록 설득해야 하는 주인공의
벗이자 작위적 마부[2] 끄르슈나 간의 문답식 대화로 이루어져 있다. 이

---

1 수많은 에피소드 중 하나_『마하바라따』는 빤다와 그리고 까우라와라는 두 사촌간의 왕권
다툼이 주를 이루는 대서사시이다. 『바가와드 기따』는 『마하바라따』의 18장 중 6번째 장인
'비슈마' 장의 4번째 이야기이다. 그리고 『마하바라따』의 독립된 에피소드들을 소분해 100
개로 나눈 구성에서는 65번째 이야기이다(역자의 『마하바라따』 1권(초판본은 2권) 말미의 부
록 '『마하바라따』 전권 차례'를 참조하라)
2 작위적 마부_ 전쟁이 임박한 어느 날 까우라와 측에서는 두료다나가, 빤다와 측에서는 아

대화를 통해 끄르슈나는 일반 세간의 도덕률로 고뇌하는 아르주나에게 그러한 도리를 넘어서는 스와다르마3라는 인도의 독특한 계급윤리 철학을 펼치며 전쟁의 당위성을 납득시킨다. 이 과정에서 인도의 전통적 철학인 『우빠니샤드』 등이 『바가와드 기따』 속으로 스며들어 오고, 이 철

르주나가 거의 같은 시점에 끄르슈나를 찾아와 도움을 청했다. 아르주나와 각별한 친우관계였던 끄르슈나는 심정적으로는 빤다와 편이었으나 전쟁을 벌이는 양측 모두에게 친척이었기 때문에 공개적으로는 어느 한편에 설 수 없는 입장이었다. 그래서 둘에게 '끄르슈나 자신이 빠진 끄르슈나의 전 병력'과 '끄르슈나의 전 병력이 빠지고 무기도 쓰지 않을 단신 끄르슈나 자신' 중 하나를 고를 수 있는 선택권을 주었다. 현실적인 두료다나는 끄르슈나가 빠진 끄르슈나의 막강한 군대를, 끄르슈나를 전적으로 신뢰하는 아르주나는 무기 없는 단신 끄르슈나를 택했다. 전쟁이 시작되자 그들의 선택에 따라 끄르슈나의 병사들은 두료다나 휘하로, 끄르슈나 자신은 아르주나의 마부로 전쟁에 참가했다.

『마하바라따』 등의 인도고전문학에서 마부 또는 '수따sūta'라고 불리는 계급은 매우 특별한 위치를 차지한다. 『마누법전manusmṛti』 10. 11은 브라만계급 여성과 크샤뜨리야계급 남성 간에 태어난 자식은 '수따'로, 크샤뜨리야 또는 브라만계급 여성과 평민인 와이샤계급 남성 간에 태어난 자식은 '마가다māgadha'로 규정하고 있다. 서사시와 고전문학에서 수따는 마가다와 더불어 궁정시인 또는 음유시인이라는 동일한 역할을 할 때가 많다. 또한 『마누법전』 10. 17에 따르면 이들은 4계급에 속하지는 못하나 최악의 불가촉천민은 아니다. 마부라는 태생적 직업을 지닌 수따가 일반 혼성계급인 불가촉천민이 해야 하는 미천한 일을 하지 않고 가객이나 궁정시인 역할을 하며 제대로 대접받는 이유는 아마도 전사와 한 전차에 타고 가장 가까이서 전사를 보필하며 전사의 행적을 누구보다 잘 알기 때문일 것이다. 전사와의 친밀한 관계로 인해 마부는 생래적 계급은 미천하나 필요하면 언제라도 전사에게 또는 왕에게 충언과 직언을 서슴지 않는 인물이기도 하다. 또한 전쟁 중에 태생적 마부는 아니나 전사와 동일한 직위에 있는 자가 동료 전사의 마부를 맡거나 끄르슈나처럼 아예 처음부터 무사계급이 마부를 자청해 맡는 경우도 적지 않다. 끄르슈나와 살리야 같은 대전사 마부 이외에도 『마하바라따』에서의 수따 역할은 특히 지대하다. 작품의 첫 장을 여는 화자인 수따의 아들 사우띠 우그라쉬라와스, 그리고 『바가와드 기따』의 화자인 산자야 또한 수따이다. 이 둘은 마부라기보다는 수행자나 대중에게 신화와 영웅담 등 여러 이야기를 들려주는 가객 또는 왕에게 전사의 영웅담을 들려주고 왕을 위무해주는 '마가다'에 더 가까운 궁정시인이다.

학에 신앙이라는 종교적 특성이 덧대어져 신보다는 영웅에 더 가까웠던 이전의 *끄르슈나*의 면모가 점차 절대자인 신으로 변모해간다.[4]

『마하바라따』는 전쟁이 뼈대인 작품이다. 왕권을 놓고 사촌끼리 싸워야 하는 『마하바라따』의 비극은, 누구도 적자임을 딱 잘라 말할 수 없기에 오히려 아무나 적자라고 주장할 수 있는 상황에서 비롯되었다. 거슬러 올라가자면, 왕위를 이어받아야 했던 적장자 비슈마라는 인물이 효행을 빌미삼아 스스로 왕위를 포기함으로써, 그리고 장자였으나 장님이었기에 왕이 되지 못했던 드르따라슈트라라는 인물이 섭정왕 역할을 하게 됨으로써 벌어진 비극이었다.

---

3 **스와다르마**svadharma_ 카스트제도를 바탕으로 하는 개념으로, 네 계급과 그에 부속되는 여러 계급 각각이 지켜야 할 본분이나 의무 혹은 율법이다. 무사계급인 크샤뜨리야로서 아르주나의 스와다르마는 왕족 무사가 마땅히 지켜야 할 율법, 즉 전쟁을 하고 백성을 지키는 율법이다(『마하바라따』 1권 말미의 부록을 참조하라).

4 **절대자인 신으로 ~**_ 『마하바라따』의 이전 장들에서 *끄르슈나*는 간간히 초월적 모습을 보이기는 했으나 범접 못할 신으로서의 분위기를 본격적으로 보여주는 것은 『바가와드 기따』부터라고 할 수 있다. *끄르슈나*의 초월적 면모는 역자의 『마하바라따』 3권(원본의 2권 회당 장) 13~22의 '자라산다를 처단하다', 그리고 3권 33~42의 '쉬슈빨라를 처단하다'에서도 언뜻 엿볼 수 있다. 이 이야기들에서 *끄르슈나*는 아직까지 절대자의 면모를 갖추지는 않았으나 자라산다와 쉬슈빨라의 전생에서의 악행 그리고 그들과 자신과의 인연을 기억하고, 세간의 도덕률에는 상당히 위배되는 '신적 의지'라는 방식으로 그들을 처단했다. 이 사건들은 세간에 *끄르슈나*의 신성의 진위 논란을 불러일으켰고, 그는 드러난 죄가 없는 무고한 용사들을 비겁하게 죽였다는 일부의 비난을 피하지 못했다. 그러나 이런 유의 몇몇 사건은 빤다와들과 그의 유대를 더욱 강하게 만들었고, 빤다와들의 세력 확장에도 도움이 되었다.

인간 비슈마의 내력

저주로 인해 인간으로 태어났으나 근원이 천신天神인 비슈마는 태어나기 전에 이미 인간-여인과는 짝을 이루지 않겠노라고 선언한 인물로, 저주로 인해 잠시 인간의 육신을 취하고 있던 여신 강가가 인간-왕 샨따누와 혼인해 낳은 유일한 왕권 후계자였다. 저주 기간이 끝난 강가 여신이 인간의 삶을 마치고 승천한 뒤, 그녀를 잊지 못해 괴로워하던 비슈마의 아버지 샨따누는 어느 날 어부의 딸 사띠야와띠를 만나 새로운 사랑에 빠진다. 그러나 딸의 안위를 염려한 어부는 제 딸과 샨따누 간에 태어난 아들이 왕위를 이어받지 못한다면 딸을 줄 수 없노라고 선언한다. 고민하는 부왕을 위해 비슈마는 어부를 찾아간다. 그는 스스로 후계자가 되는 것을 포기했고, 후손과 관련된 논란을 아예 없애기 위해 평생 독신으로 살겠다고 하늘에 맹세했으며 죽는 날까지 그것을 지켰다. 그리고 비슈마가 선의의 약속을 지키느라 벌어지는 일들이 『마하바라따』의 불행의 큰 줄기를 이룬다.

비슈마의 젊은 계모 사띠야와띠는 찌뜨랑가다와 위찌뜨라 위르야라는 두 아들을 낳았다. 샨따누가 죽자 비슈마는 어린 이복동생들을 보살피고 가르쳤다. 어부와의 약속대로 맏아들 찌뜨랑가다가 샨따누 후계로 왕위에 올랐으나 이른 나이에 세상을 떴고, 그의 뒤를 이어 위찌뜨라 위르야가 왕이 되었다. 혼기에 이른 위찌뜨라 위르야를 위해 비슈마는 납치혼도 혼인으로 인정하는 크샤뜨리야의 율법에 어긋나지 않게 까쉬 왕국의 세 공주를 납치해 데려왔다. 그러나 사랑하는 사람과의 혼인을 목전에 두고 있던 세 공주의 맏이 암바는 사랑을 잃은 슬픔을 오롯이 비슈마 탓으로 돌린 뒤 그에게 앙갚음하고자 고행했다. 그리고 암바가 결국 비슈마의 죽음의 원인과 결과가 된다.[5]

　위찌뜨라 위르야는 암바를 제외한 두 아내와 일곱 해를 같이 살았으나 후손을 보지 못한 채 일찍 세상을 떴고, 왕국은 후계자 없는 무주공산이 되었다. 왕국을 위해 이제는 왕이 되어달라는 계모 사띠야와띠의 간청을 마다한 비슈마는 왕국의 씨내리 전통을 언급했고, 그녀는 섬에서 지내던 자신의 혼전 자식인 드와이빠야나 위야사를 며느리들의 씨내리로 청했다.

불행의 씨

　위야사는 사띠야와띠의 첫째 며느리이자 본인에게는 아비가 다른 아우의 아내인 암비까에게 씨를 내렸다. 성자와의 잠자리에서 두려움으로 눈을 감은 암비까는 그로 인해 장님이 된 아들 드르따라슈트라를 낳

---

5 암바가 ~ _ 암바는 비슈마에게 혼약한 사실을 말했고, 비슈마는 흔쾌히 그녀를 약혼자 샬와에게 보냈으나 패배를 수치스러워한 샬와는 그녀를 받아들이지 않았다. 암바는 차라리 비슈마가 제 남편이 되기를 바랐으나 독신서약을 깨트릴 수 없던 비슈마 또한 그녀를 거절했다. 이쪽저쪽을 오가며 그런 식으로 거절의 아픔을 겪은 암바는 독기를 품고 불행의 원천인 비슈마를 죽이겠다는 일념으로 고행했다. 삼계를 태울 듯한 의지의 고행을 갸륵히 여긴 쉬와 신의 축원으로 암바는 전생을 기억하는 빤짤라 왕국의 공주 '쉬칸디니'로 환생했고, 거기서 다시 사내가 되겠다는 원을 세워 고행하던 끝에 '쉬칸딘'이라는 왕자로 몸을 바꾸기에 이르렀다. 비슈마는 여인 또는 여인이던 자와는 어떤 상황에서도 맞서 싸우지 않겠다는 뜻을 꺾지 않았고, 마침내 암바였던 쉬칸딘은 싸울 의지가 없던 그를 무너뜨렸다.

았다. 결함 없는 왕을 원하던 사띠야와띠의 설득에 위야사는 둘째인 암발리까에게도 씨를 내렸으나 그녀는 두려움에 하얗게 질렸다. 그렇게 태어난 둘째 아들 빤두는 백색병이었다. 그렇게 장애를 안고 태어난 손자들이 완벽한 왕으로서의 자질을 갖추지 못했다고 여긴 사띠야와띠는 첫째 며느리를 다시 설득했다. 며느리는 성자와의 잠자리에 시녀를 대신 보냈다. 의연하게 성자에게 대처한 시녀는 그 덕에 지혜로운 아들, 그러나 천민계급인 위두라를 낳았다. 위야사는 그렇게 해서 결함 있는 세 아들의 삼촌이자 실질적 아버지가 되었고, 산자야에게 지혜의 눈을 줌으로써 『바가와드 기따』를 읊게 했으며, 필요할 때마다 『마하바라따』라는 대서사시에 깊숙이 관여한 인물, 우리의 『마하바라따』를 지었다고 전해지는 브라만 성자가 되었다.

빤다와 그리고 다르따라슈트라

세 왕자 중 결함이 가장 적은 둘째 빤두가 왕위를 이었다. 왕이 된 빤두는 일련의 사건6으로 인해 여인과 잠자리를 하는 순간 죽음에 이르리라는 저주를 받았다. 그렇게 뜻하지 않은 독신고행을 하게 된 그는 드르따라슈트라에게 왕좌를 맡기고7 두 아내 꾼띠, 마드리와 함께 숲으로

6 일련의 사건_ 빤두 왕이 사냥 중 사슴으로 변신해 짝짓기 하던 성자를 쏘아 죽인 사건을 말한다. 그로 인한 사슴의 저주로 여인과 잠자리를 할 수 없게 되었다(역자의 『마하바라따』 2권 109~111페이지를 참조하라).

들어갔다. 그러나 후손마저 포기할 수 없던 빤두는 위야사의 경우처럼 씨내리 전통을 언급하며 자기 대신 씨를 내려줄 현자와 잠자리를 함께 하도록 아내 꾼띠를 설득했다.[8] 꾼띠는 정의의 신 다르마(또는 야마), 바람의 신 와유, 신들의 왕 인드라를 불러냈다. 빤두와 꾼띠는 그들에게서 한 해 간격으로 세 명의 아들, 유디슈타라, 비마, 아르주나를 얻었다. 뒤이어 둘째 아내 마드리도 꾼띠의 축원을 빌려 쌍둥이 신 아쉬윈을 불러냈고, 그들에게서 쌍둥이 아들 나꿀라와 사하데와를 얻었다. 그리고 이들 다섯 모두를 빤두의 아들, 즉 빤다와라고 불렀다.

장님 드르따라슈트라는 간다리와 혼인해 백 명의 아들을 얻었다. 그중 맏이인 두료다나는 빤두의 맏이 유디슈타라보다 한 해 늦게 태어났다. 이 백 명 모두를 드르따라슈트라의 아들, 즉 다르따라슈트라라고 불렀다.

아이들이 모두 태어나고 얼마 후 빤두가 숲에서 죽었고, 아비를 잃은 다섯 왕자가 백성의 환영을 받으며 왕국으로 돌아왔다. 그동안 왕의 형으로, 왕국의 장자로 왕과 동일한 섭정 역할을 해온 드르따라슈트라,

---

7 드르따라슈트라에게 ~_ 결국 이 일은 왕이 되지 못한 적장자가 섭정을 맡게 되는 비극으로 이어졌고, 왕위를 자진해 포기한 비슈마 경우에 덧대어져 끝내 『마하바라따』의 골육상잔의 전쟁을 일으키는 원인이 된다.

8 꾼띠를 ~_ 꾼띠는 어린 시절 두르와사스라는 성자를 잘 섬겨 '어떤 신이라도 청할 수 있다'는 축원을 받은 적이 있다. 빤두는 그런 꾼띠에게 자신을 위해 신을 불러낼 것을, 그리하여 지옥행을 면할 제 자식을 낳아 줄 것을 청한다. 축원 받은 직후 꾼띠는 그에 대한 호기심에서 태양신 수르야를 청해 아들 까르나를 낳은 뒤 강에 띄워 보낸 적이 있다. 그렇게 태어난 꾼띠의 혼전아들 까르나는 마부 아들로 자라며, 비운의 영웅이 된다.

그리고 눈먼 섭정 왕 대신 왕 역할을 해내며 자신의 왕위 승계를 당연시 해온 그의 장자 두료다나는 긴장하지 않을 수 없었다. 적장자는 아니었으나 정당한 왕이었던 빤두의 장자 유디슈티라, 적장자였으나 섭정 왕에 불과했던 드르따라슈트라의 장자 두료다나를 두고 왕국은 숱한 논란과 함께 혼란 속으로 빠져들었다. 누구도 적자가 아니요, 누구나 적자였기에 왕권은 누구에게나 갈 수 있는 상황이었던 것이다.

그들의 공동의 할아버지 비슈마는 꾸루 가문의 가장 큰 어른인 동시에 현재는 두료다나의 후의로 생계를 꾸리고 있었다. 그런 비슈마가 정당한 왕위 계승자로 빤두의 아들 유디슈티라 손을 들어주었다. 왕국의 지혜 제일이요, 드르따라슈트라가 가장 의지하는 형제이자 두료다나의 천민 삼촌인 위두라 그리고 다섯 빤다와와 백 명의 다르따라슈트라의 무술 스승인 드로나와 끄르빠도 마찬가지로 유디슈티라의 정당성을 주장했다. 아들에 대한 애착이 누구보다 강했던 드르따라슈트라 왕과 샤꾸니 등 두료다나의 외가를 제외한 모두가 그렇게 인정했다. 지지자들의 무게와 수에서 그리고 스스로 갖춘 덕망에서 유디슈티라가 유리했으나 현재의 부와 욕망과 영리함에서는 두료다나가 앞섰다. 어른들은 어쩌면 왕위의 정당한 승계권보다는 왕재王才로서의 유디슈티라의 덕망을 더 높이 샀던 것일 수도 있다. 그러나 두료다나의 욕망은 유디슈티라의 덕망을 이기고자 했고, 이기기 위해서 그는 정당하지 못한 꾀나 술수를 마다하지 않았다.

두료다나는 빤다와들을 죽일 음모를 수차례 꾸몄고, 빤다와들은 예외 없이 그의 음모에서 벗어나 오히려 강해지거나 동맹을 얻거나 아내를 맞아왔다. 결국 어른들의 제안에 따라 두료다나는 왕국의 면적 절반에 해당하는 황량한 땅 인드라 쁘라스타를 주며 빤다와들을 내쫓았다. 그들은 신들의 후의를 배경으로, 제 덕망으로 황량한 땅을 훌륭한 왕국으로 변모시켰다. 두료다나의 욕망과 질시는 급기야 술수 많은 외삼촌 샤꾸니를 청하게 했고, 그에 응한 샤꾸니는 빤다와들의 세상을 뒤엎을 꾀를 냈다. 노름을 좋아하는 유디슈티라의 약점을 놓칠 리 없던 샤꾸니는 주사위노름에 그를 초대했다. 모두의 만류에도 불구하고 유디슈티라는 초대를 거절하지 않는다는 크샤뜨리야 전통에 따라 위험하고 아슬아슬한 주사위판 앞에 두료다나와 마주 앉았다. 노름에 진 자가 숲속으로 열두 해, 다시 세상 속으로 나와 들키지 않고 한 해, 도합 열세 해를 유배 떠나야 한다는 기이한 내기였다. 샤꾸니가 두료다나를 대신해 주사위를 던졌고, 스스로 노름꾼이기도 한 유디슈티라가 협잡과 술수를 마다하지 않는 샤꾸니의 맞은편에서 우직하게 주사위를 던졌다. 그리고 급기야 유디슈티라는 왕국의 재물과 형제들과 왕국을 잃고, 자기 자신과 네 형제의 공처公妻인 드라우빠디를 노름으로 잃었다.

노름에서 진 빤다와들은 내기대로 드라우빠디와 함께 열세 해 동안의 유배를 떠났다. 눈에 쉽게 드러나는 다섯 형제가 지내기에는 숲속 열두 해보다 숨어 지내야 하는 세상 속 한 해가 더 힘들었다. 숲속에서의 열두 해 동안 빤다와들은 주로 신, 반신, 아수라 또는 락샤사들과의 교류나 전쟁을 통해 힘을 길렀고, 끄르슈나와의 친분을 두텁게 했다. 그리고 숨어서 한 해를 지내는 동안에는 맛쓰야 왕국을 중심으로 한 동맹을 얻었다.

그들이 떠난 열세 해 동안 백 명의 형제를 등에 업은 두료다나는 세상을 통치했고, 많은 동맹을 만들었으며, 어른들을 섬겼다.

열세 해가 지나고 돌아온 빤다와들은 양에는 상관없이 얼마간의 땅을 자기들 몫으로 요구했으나 두료다나는 그들에게 한 치의 땅도 줄 수 없다고 선언했다. 다져놓은 기반을 빼앗기기 싫은 다르따라슈트라들 그리고 열세 해 동안의 치욕과 고통을 보상받고자 하는 빤다와들 누구도 물러날 수 없었다.

끄르슈나의 등장과 전쟁의 서막

이 과정에서 양측 모두에게 친척인 끄르슈나는 때로는 전쟁을 부추기는 듯, 때로는 화평을 위해 애쓰는 듯한 양면적 모습을 보이기도 했다. 그리고 양측의 대치가 절정에 이르고 전쟁 분위기가 무르익었을 즈음 끄르슈나는 화평을 구하는 사절이 되어 까우라와들에게 갔다. 그의 노력이 물거품이 되고, 양측의 편 가르기와 동맹 모으기가 시작되었다. 비슈마, 드로나, 끄르빠, 위두라 등의 어른들은 빤다와들을 지지했으나 두료다나의 후의로 삶을 영위했던 탓에 그들 편에서 싸울 수는 없었다. 꾼띠의 혼전 아들 까르나는 두료다나의 가장 단단한 동지요 동맹이었다. 두료다나는 전쟁을 위해 비슈마를 총대장으로 삼아 열한 개 사단을 꾸렸다.

빤다와들의 동맹은 간단했다. 아내 드라우빠디의 친정인 빤짤라 왕국 사람들, 빤짤라의 동맹이거나 봉건왕국인 스른자야 사람들, 빤다와들이 숨어 사는 열세 해 째를 보낸 맛쓰야 왕국 사람들과 위라타 왕, 그리고 단신의 끄르슈나 등으로 까우라와들의 사단에 한참 미치지 못하는 일곱 개 사단을 꾸렸다.

그리고 결국 친족이 사단과 사단으로 마주하는 전쟁마당에서 마냥 단호할 수만은 없는 전사의 주저함에 정당한 확신을 부여하는 마부馬夫 끄르슈나의 집요한 설득, 『바가와드 기따』가 시작된다.

본 번역의 『바가와드 기따』

『마하바라따』와 별개로 읽히는 『바가와드 기따』[9]는 대개 장님인 드르따라슈트라 왕이 자기의 마부이자 궁정시인인 산자야에게 꾸루 들녘의 전쟁 상황을 묻고 그가 그에 답하는 것으로 시작된다. 그리고 아르주나가 끄르슈나의 가르침을 납득하고 받아들이는 장면을 다시 산자야가 읊는 것으로 끝난다. 이런 시작과 끝을 가진 『기따』의 경우 때로 편집자나 번역자가 『마하바라따』에서 전개되는 복잡다단하고 다중적인 상황을 충분히 설명하지 않기 때문에 독자들은 『기따』를 『마하바라따』라는 모본을 두지 않은, 힌두교의 단순한 대중적 경전으로 인식하기도 한다.[10]

9 『바가와드 기따』_ 흔히 '기따'로도 불린다. 따라서 이후부터는 편의상 『바가와드 기따』와 『기따』를 병행해 쓴다.
10 힌두교의 ~_ 『바가와드 기따』는 전쟁이야기에서 시작된다. 『마하바라따』의 주인공 아르주나는 마음으로 싸울 준비를 마치고 기꺼이 전쟁을 치르겠다는 각오를 다진 뒤 끄르슈나에게 양 진영의 한가운데로 전차를 몰고 가 적을 제대로 볼 수 있을 만큼 가까이 가달라고

본 번역에서는 『기따』가 『마하바라따』의 일부이며, 그것의 연장선 상에 있음을 인지하고 제대로 전달하기 위해, 그리고 모본의 실체를 기반으로 당시 『기따』를 둘러싼 상황을 제대로 살펴보기 위해 『마하바라따』의 '비슈마 장章'의 일부인 '『바가와드 기따』 편篇'을 통째로 떼어 옮겼다. 보다 큰 이야기인 『마하바라따』의 배경과 논리를 따라 읽다보면 『마하바라따』의 일부를 이루는 보다 작은 이야기인 『기따』를 이해하기

청한다. 알고는 있었으나 막상 마주 선 이들이 아버지들, 할아버지들, 스승들, 삼촌들, 형제들, 아들들, 손자들, 벗들임을 본 그는 자신이 목숨 바쳐 지켜야 할 그들을 향해 무기를 들 수 없었다. 가문을 멸하게 하는 것은 가문의 영원한 다르마를 파괴하는 것이며, 그것이야말로 아다르마非法라는 것이 아르주나 주장이었다. 그러나 아르주나는 친족을 직접 죽일 필요 없이 단지 승리만 하면 되는 이전 장들의 전투에서는 사촌인 까우라와들은 물론이요 집안 어른인 비슈마와 드로나 등을 향해서도 가차 없이 활을 겨누었다(『마하바라따』 4권, 번역서 6권의 위라따 장의 '소떼 습격'). 또 『마하바라따』 5권(번역서 8권의 151)에서는 전쟁을 꺼리는 유디슈티라에게 오히려 크샤뜨리야의 의무를 꺼내들고 본인이 전쟁의 당위성을 주장하기도 했다(여기서 빤다와들의 장자 유디슈티라는 까우라와들과 화평 맺기에 실패하고 돌아온 끄르슈나의 말을 듣고 아우들에게 '우리가 죽여서는 안 되는 사람들과 무슨 수로 전쟁을 벌이겠느냐? 스승과 어른들을 죽이고 어찌 승리가 있을 수 있으랴?'라며 한탄한다. 그때 아르주나는 끄르슈나의 말을 인용하며 '어머니 꾼띠와 위두라 말에는 아다르마가 있을 수 없으므로 싸움을 피하려고 주춤거리는 것은 옳지 않다'라고 유디슈티라를 채근한다. 여기서 유디슈티라는 『기따』의 아르주나 역할을, 아르주나는 끄르슈나 역할을 하고 있다). 이처럼 쉽지 않은 전쟁을 대하는 주인공들은 그처럼 번갈아가며 망설이고, 결심하기를 반복한다. 이처럼 『기따』는 친족간의 싸움에 정당성을 부여하기 위해 『마하바라따』라는 거대한 틀 안에서 품고 안고 키워지기를 되풀이하다 가장 적절한 시기에 못 박듯이 신의 말씀을 내놓는 셈이다. 『마하바라따』와 『기따』가 각기 다른 작품이며, 『기따』가 먼저 형성된 후 『마하바라따』에 삽입되었다는 주장도 적지 않으나 『마하바라따』의 영역자인 바우테닌J. A van Buitenen을 비롯한 많은 학자는 『기따』가 '어쩌다 『마하바라따』에 끼어든 작품'이 아니라 '『마하바라따』가 품고 키우다' 끝내 전쟁을 피할 수 없게 된 시점에 전쟁의 딜레마를 해결하기 위해 가장 적기에 내놓은 『마하바라따』 일부로서의 작품이라고 확신했는데, 역자 또한 그에 전적으로 동의한다.

한결 쉬워질 것으로 여겨서이다. 따라서 독립본인 『기따』가 기점으로 삼는 장의 이전 장, 즉 전쟁의 클라이맥스이자 종말에 다다른 '비슈마의 절멸'을 본 번역의 기점으로 삼았다. 불굴의 용기와 도덕성의 상징이자 시종일관 『마하바라따』의 한 축을 이루며, 자기 죽음을 스스로 선택할 수 있던 비슈마라는 존재가 무너지는 것은 그와 함께 무너져내린 바라따들의 마음과 더불어 전쟁이 더 이상의 의미를 갖지 못한 채 기어이 끝에 이르렀음을 알리는 매우 강렬한 사건이다. 또한 이 사건을 거슬러 올라간 시점에 끄르슈나가 절대자인 신으로 극적으로 등장하고, 이 몰락을 불러온 전쟁의 시작과 본모습을 『바가와드 기따』를 통해 설득력 있게 말하기에 가장 시의적절한 사건이기도 하다.

그리고 독립본 『기따』 이후의 장이자 끄르슈나의 가르침이 끝난 이후의 장, 즉 빤다와들의 장자인 유디슈티라가 비슈마 등의 어른을 찾아가 절을 올리고 전쟁의 허락을 구한 이후 전쟁을 시작하는 장을 본 번역의 맺음으로 삼았다.

『바가와드 기따』의 번역서들

독립된 『기따』에 대한 해석은 인도에서 일찍부터 권위 있는 학자와 영향력 있는 종교지도자 중심으로 오랫동안 이루어져왔다. 그중 가장 오래되고 권위 있는 것은 샹까라Adi Śaṅkara(또는 샹까라짜르야Śaṅkarārya, 8세기)의 일원론적 베단따 전통(또는 불이론不二論적 베단따advaita vedanata)에 따른 주석서이다. 샹까라 이후에도 샤이와 아드와이따 베단따śaiva advaita vedanta 전통에 따른 굽따Abhinava Gupta(10세기)의 기따-아르타 상그라하Gītārtha-Saṃgraha, 한정불이론限定不二論적 베단따viṣiṣṭa advaita vedanta 전통에 따른 라마누자Rāmānuja(11~12세기)의 기따바샤gītabhāṣya, 이원론적 베단따dvaita vedanta 전통에 따른 마드와Madhva(1250년)의 주석서 등이 있다. 현대에 이르러 간디Mahatma Gandhi, 요가난다Yogananda, 라다크리슈난Radhakrishnan 등도 정치적, 종교적, 철학적 관점에 따른 다양한 『기따』 해석을 내놓은 바 있다.

영어, 불어, 독일어, 러시아어 등의 번역 또한 관점에 따라 한없이 많고 또한 다양하다. 영어는 윌킨스Charles Wilkins(1785년)를 시작으로 아놀드Adwin Arnold, 에저튼Franklin Edgerton, 불어는 세나르Emile Senart, 독일어는 프리드리히 슐레겔Friedrich Schlegel 등의 번역이 잘 알려져 있다.

한국어 번역도 상당수에 이른다. 가장 먼저 『바가와드 기따』를 한국어로 옮긴 함석헌의 번역은 싼스끄리뜨 원전을 옮긴 것이 아니기에 어쩔 수 없는 오류가 적지 않지만 종종 '탯집', '씨알', '얼' 등 놀랄만한 역어 선택 그리고 기독교사상에 입각해 동양사상과 인도철학을 접목한 독특하고 기발한 해석이 눈에 띤다. 그리고 라다크리슈난과 데자이 Mahadev Dejai의 해설을 싣고 있다. 싼스끄리뜨 원전을 함께 실은 길희성의 번역은 『우빠니샤드』 등의 인도철학을 끌어와 『기따』의 철학적 논점은 비교적 상세히 다루고 있으나 모본인 『마하바라따』에 대한 설명은 상당부분 간과하고 있는 것처럼 보인다. 이현주는 간디의 해설을 그대로 옮긴 『바가와드 기따』를 내놓았으나 원전과는 상당한 거리가 있는 자의적 해석이 주를 이룬다. 그는 간디의 해설을 옮긴 작품과는 따로 강연 형식의 『쉽게 읽는 바가바드기타』를 내놓기도 했다. 임승택은 『기따』의 내용에 앞서 이 작품을 어휘별로 분석하고 각 단어마다 상세한 문법적 설명을 곁들여 언어를 공부하는 이들에게 도움을 주고자 했다. 김호승은 『기따』의 번역이라기보다는 인도철학 전반에 걸친 친절하고 상세한 설명을 곁들인 『바가바드기타의 철학적 이해』라는 저서를 내놓았는데, 『기따』를 주석한 샹까라와 띨락의 관점을 분석한 논문과 에세이로 이루어져 있다.

『바가와드 기따』의 해석

『마하바라따』의 다채로운 얼굴은 『기따』까지 옮겨져 왔고, 또한 그것은 작품을 대하는 이의 시각에 따라 달라져왔다. 고백하자면 본 역자의 견해 또한 작품을 읽을 때마다 적지 않게 변해왔다. 그러나 역자 개인의 사유와 사상을 독자나 타인에게 강요하거나 혹은 역자 스스로 타인의 생각이나 철학에 편입해 그에 얽매일 생각은 없다. 본 졸역에서는 앞서 언급한 저서들이 다루는 철학적, 신학적, 정치적, 종교적 논쟁은 필요한 만큼만 소개하고, 『마하바라따』를 배경으로 하는 서사 그리고 본 작품의 원어인 싼스끄리뜨에 대한 언어적 해제를 중심으로 『기따』에 접근해보려고 시도했다. 『마하바라따』의 전쟁은 때로 다면적 악을 대하는 망설임 많은 선의 얼굴을 드러내기도 하고, 때로 선과 악이 세간의 다르마를 가감 없이 표현하기도 한다. 수행자 같은 삶을 산 것으로 알려진 간디 같은 이는 이렇듯 복잡하기 그지없는 『마하바라따』에서조차 기어이 비폭력을 찾아내 그것을 우리 내면의 선악의 싸움으로 인지하고, 고난에 처할 때마다 『기따』를 꺼내 읽으며 삶의 지표로 삼았다고 한다. 그에 반해 간디와 동시대를 살며 인도의 불가촉천민의 아버지로 추앙받고, 카스트제도로 인한 불평등을 개선하고자 천민의 불교개종운동을 펼친 암베드까르.B. Ambedkar 같은 이는 『기따』는 종교와 전쟁의 당위성을 옹호하기 위해 철학을 이용하는 것이기 때문에 그런 『기따』의 영향에서 벗어나야만 인도의 진정한 자유가 이루어지리라고 주장했다. 『마하바라따』도, 또 『기따』도 해석은 그처럼 다양하나 판단은 결국 듣는 자와 읽는 자의 몫일 것이다.

2021년 지리산에서
박경숙

비슈마의 죽음을 알리는 산자야

महाभारत

* 『마하바라따』 6장 '비슈마'에 속한 이 절은 독립본 『바가와드 기따』 바로 앞에 위치한다.

† † †

와이삼빠야나[1]가 말했다.

"자나메자야 왕[2]이시여, 이제 가왈가니의 지혜로운 아들 산자야, 과거 현재 미래의 모든 것을 눈앞에 놓은 듯 볼 수 있는 그가 돌연 전장에서 돌아왔습니다. 슬픔으로 뒤범벅된 그가 생각에 빠져있는 드르따라슈트라에게 황망히 다가가 비슈마가 죽었음을, 바라따들에게 둘도 없는 이가 쓰러졌음을 고했답니다."

---

1 **와이삼빠야나**_ 『마하바라따』의 세 명의 주요 화자 중 가장 많은 내레이션을 담당하는 화자이다. 『마하바라따』의 저자이자 주인공들의 실질적 할아버지인 위야사 성자의 제자이기도 한 그는 자나메자야 왕의 희생제에서 왕을 위해 바라따들의 탄생과 성장과 갈등에 대해 읊는다.
2 **자나메자야 왕**_ 『마하바라따』의 주인공이자 『바가와드 기따』를 설하게 한 장본인인 아르주나의 후손이다. 이 문장에서 자나메자야 왕이 실질적으로 호명되지는 않으나 독자들의 이해를 돕기 위해 역자가 삽입한 것이다.

이어지는 와이샴빠야나의 이야기는 이러하다.

산자야[3]가 말했다.

"대왕이시여, 황소 같은 바라따시여, 소인 산자야 절하옵니다. 비슈
마[4]께서, 샨따누의 아들 비슈마께서, 바라따들의 할아버지께서 쓰러지
셨나이다. 모든 전사의 수장이시며 활 가진 모든 이의 봉우리이신 꾸루
의 할아버지께서 오늘 화살침상에 누우셨나이다. 왕이시여, 그분의 기
상만 믿고 당신의 아들이 주사위를 던졌던 바로 그 비슈마께서[5] 쉬칸딘
의 화살에 맞아 전장에 누우셨나이다. 이 땅의 모든 왕이 모여든 까쉬[6]

---

3 산자야_ 『바가와드 기따』와 전쟁 장면을 들려주는 화자인 산자야는 『마하바라따』 전체로
보면 세 번째 화자이다. 장님인 드르따라슈트라 왕의 지혜로운 마부인 그는 위야사 성자에게
서 모든 것을 볼 수 있는 천상의 눈을 부여받고 전쟁의 상황을 직접 볼 수 없는 장님 왕을
위해 전쟁에 대해 낱낱이 읊는 역할을 한다.
4 비슈마_ 전쟁의 주체인 까우라와들과 빤다와들의 할아버지인 비슈마는 아버지인 샨따누의
혼인을 위해 왕의 후계자가 되는 것을 포기하고, 평생 독신으로 살 것을 하늘에 맹세했으며
아우들과 손자들을 위해 평생을 바친 인물이다. 정의를 상징하는 빤다와들을 심정적으로 인
정하고 두둔하지만 의식주를 기대고 살아왔다는 이유로 불의의 상징인 까우라와들을 버리지
못하고 전쟁에서 그들을 위해 싸운다. 까우라와들과 빤다와들 모두의 정신적 지주라고 할 수
있다.
**5 그분의 기상만 ~ **_ 이 부분은 이 작품의 2장 '회당'에서의 두료다나 (혹은 두료다나를 대신
한 샤꾸니)와 유디슈티라의 노름을 언급한 것이다. 비슈마는 노름이 시작될 당시 그들의 노
름을 힐책하며 그만 둘 것을 종용했으나 정작 노름이 시작되자 빤다와들이 모든 것을 잃게
될 때까지도 알 수 없는 침묵을 지켰기 때문에 혹자는 비슈마가 그들의 노름을 방조했다는
비난을 하기도 한다. 그러나 이 모든 상황에서 다르따라슈트라도, 빤다와도 한결같이 꾸루의
큰 어른으로 비슈마를 의지하고 있다.
6 까쉬_ 현재 인도 북부의 바라나시이다.

도성의 대전투7에서 달랑 전차 하나로 승리를 거두었던 대전사께서, 자마다그니의 아들 빠라슈라마와 전장에서 맞붙어서도 쓰러지지 않았던8 와수 태생9인 그분께서 오늘 쉬칸딘의 화살에 맞아 쓰러지셨나이다. 용맹으로는 대인드라와 맞먹고, 당당하기로는 히말라야 같으며, 심오하기로는 바다 같고, 인내하기로는 대지 같은 분, 입은 활이요 이는 화살이며 혀는 칼과 같아 어느 누구도 감히 넘볼 수 없는 인간-사자 같은 분, 그런 당신의 아버지께서 오늘 빤짤라 왕자 쉬칸딘에게 쓰러지셨나이다.

대전투에 나선 그분을 보고 빤다와 대병력은 사자보고 벌벌 떠는 소떼처럼 공포에 짓눌려 내뺐었지요. 적군을 처단하는 그분께서 인간으론 도저히 할 수 없는 일을 하시며 열흘 밤을 당신의 병사를 지키다 태양처럼 저무셨나이다. 열흘 동안 전장에서 수천의 화살비를 뿌리며, 흔들림 없는 인드라처럼 셀 수 없이 전사를 쓰러뜨린 그분께서 폭풍에 치인 나무처럼 그렇게 바닥에 넘어져 누워계시나이다. 왕이시여, 바라따시여, 그분은 당신의 그 못난 생각과는 격이 맞지 않은 분이셨습니다."

드르따라슈트라가 말했다.

7 **도성의 대전투**_ 비슈마가 아우인 위찌뜨라위르야를 위해 까쉬의 세 공주 암바, 암비까, 암발리까를 데려온 전투를 말한다.
8 **쓰러지지 않았던**_ 까쉬의 공주 암바의 청으로 비슈마와 결전을 벌였던 빠라슈라마는 오히려 비슈마에게 패해 그의 무예를 칭송했다. 상세한 내용은 『마하바라따』 5장 '암바' 편을 참조하라.
9 **와수 태생**_ 비슈마의 전신 또는 전생이 천신인 여덟 와수 중 한 명임을 말한 것이다. 상세한 이야기는 『마하바라따』의 1장을 참조하라.

"꾸루의 황소 비슈마가 어찌 쉬칸딘에게 당하셨더냐? 인드라 같은 내 아버지가 어찌 전차에서 떨어지셨단 말이냐? 산자야여, 내 아들들은 비슈마 없이 어쩌고 있더냐? 당신의 아버지를 위해 금욕 수행한 저 신 같은 장사 없이 말이다. 기개 넘치고 팔심 넘치는 대궁수요 범 같은 대전사가 쓰러졌을 때 내 아들들의 마음은 어떠해 보이더냐? 꾸루의 황소 요 영웅이요 황소 같은 사내의 죽음을 그대가 내게 말하니 더할 수 없는 고뇌가 나를 덮치는구나. 누가 그를 따르더냐? 누가 그의 앞에 서 있더냐? 곁에는 또 누가 있더냐? 산자야여, 누가 뒤돌아서고 누가 그를 믿고 나아가더냐? 범 같은 불패의 전사요 황소 같은 크샤뜨리야가 온힘으로 적진 깊숙이 짓쳐 들어갈 때 어떤 용사들이 그의 뒤를 따르더냐? 천의 빛줄기를 지닌 태양이 어둠을 물리듯 적의 군사를 물리고 적을 처단했던 이, 적의 심장에 두려움을 심고 꾸루들의 청에 따라 도저히 할 수 없는 힘든 일을 전장에서 해냈던 이, 그런 샨따누의 아들에 빤다와들이 어찌 전투에서 마주설 수 있었더냐?

하루의 장이 닫힐 무렵, 감히 범접 못할 저 영리한 이가 저들의 군대를 집어삼킬 때 저들이 어찌 막아냈더냐? 사나운 화살을 이빨 삼고 쩍 벌린 매서운 활을 입 삼으며 칼을 혀 삼아 군대를 휩쓸어내는 범접 못할 사내를, 세상 어떤 범 같은 사내도 뛰어넘으나 겸손하기 그지없는 무적이요 불패인 저 대장부를 꾼띠의 아들들이 무슨 수로 전장에서 넘어뜨렸더냐? 거센 화살 뿜어대는 저 매서운 활잡이가, 장려한 전차 굴리며 사나운 화살로 적의 머리 베어버리는 이가, 전장에 우뚝 선 모습을 언뜻만 보아도 근접 못할 시간의 불[10]을 본 듯 빤다와 대병력이 꽁무니

뺐던 이가, 열흘 밤이 지나는 동안 아군을 이끌며 적군을 베어내던 이가, 저리도 하기 힘든 일을 해내고는 지는 태양처럼 져버렸구나. 그치지 않는 화살비를 쏘아 날린 인드라 같던 이가, 열흘 동안의 낮에 전장에서 셀 수 없이 많은 적병을 베었던 바라따의 후손이, 저리 누워서는 안 되는 이가, 내 몹쓸 통치 때문에 바람에 망가진 나무처럼 땅바닥에 누웠구나!

매서운 용맹 떨치던 샨따누의 아들 비슈마가 공격을 멈추었을 때 그를 본 빤다와 병사들은 어떠하더냐? 빤두의 아들들은 비슈마를 상대로 어찌 싸웠더냐? 산자야여, 드로나11가 살아 있는데 어찌 비슈마가 승리를 거두지 못한 것이냐? 전투에 능한 이들 중에서도 가장 빼어난 전사 비슈마가 어찌 죽음을 맞는단 말이냐? 끄르빠12와 바라드와자의 아들이 곁에 있지 않았더냐? 전투에 나서면 신들도 이기기 어려워하는 비슈마가 어찌 고작 일당백의 전사일 뿐인 빤짤라의 왕자 쉬칸딘에게 무너졌더냐? 그보다 훨씬 더 대단한 힘을 가진 자마다그니의 아들13과도 전장

---

10 시간의 불_ 여기서의 시간은 죽음 또는 종말을 뜻한다. 세상이 더 이상 구제될 수 없는 악으로 가득 차면 새로운 시대를 위해 쉬와 신이 불을 뿜어 한 세기 또는 유가를 끝낸다.
11 드로나_ 옛 선인 바라드와자의 아들이며 빤다와들과 까우라와들의 스승이다. 브라만 출신으로는 드물게 무예에 능했으며, 비슈마와 더불어 그들을 지탱하는 정신적 기둥이다. 비슈마와 마찬가지로 마음은 빤다와들에게, 몸은 까우라와들에게 가 있는 인물이다. 아들에 대한 사랑이 지극하며, 아들이 죽었다는 거짓 소식에 목숨을 잃는다.
12 끄르빠_ 드로나와 더불어 빤다와들과 까우라와들의 스승이며 드로나의 아내 끄르빠아와는 쌍둥이 남매이다. 그는 『마하바라따』에서 죽지 않는 또는 매우 오래 사는 인물로 알려져 있다.
13 자마다그니의 아들_ 빠라슈라마를 일컫는다. 빠라슈라마는 아버지인 자마다그니의 죽음이 크샤뜨리야 때문이라고 생각해 이 세상의 모든 크샤뜨리야를 없애리라는 맹세를 한다. 그

에서 맞섰던 이를, 그리하여 자마다그니의 아들이 끝끝내 이기지 못했던 이를, 인드라와 용맹이 맞먹는 이를, 대전사들의 힘을 짓눌렀던 이를, 그런 비슈마를 어찌 그가 전장에서 쓰러뜨렸더냐?

산자야여, 내게 말해다오. 그 영웅 없이 우리는 몸 숨길 곳을 찾지 못하겠구나. 산자야여, 내 아들들과 대궁수들 중에 저 불패의 사내를 저버리지 않은 자는 누구더냐? 두료다나가 그를 보호하라고 명한 영웅들은 누구더냐? 산자야여, 쉬칸딘을 앞세운 빤다와 모두가 비슈마를 향해 짓쳐들어올 때 까우라와들이 행여 두려워 떨며 저 불패의 사내를 저버리지는 않았더냐?

빤따와들, 빤짤라들, 스른자야[14]들 …… 이 모든 적병을 흩트릴 때, 활줄 튕겨 포효하고 억수 같은 화살비를 퍼부으며 활을 당겨 우레 치던 그는 크고 높은 구름이었다. 그럴 때면 저 영웅은 마치 벼락 든 인드라가 다나와들[15]을 짓뭉개는 것 같았느니. 가까이 갈 수 없는 악어 같은 화살대가 판을 치고 활의 파도가 춤을 추는 전장에서, 몸 붙일 섬 하나 없는데 헤엄도 칠 수 없는 저 견디지 못할 전장에서, 철퇴와 칼의 소용돌이가 몰아치고 상어 같은 말들이 득실거리며 코끼리 떼로 진창이 되

에 따라 그는 21명의 크샤뜨리야 왕을 죽였고, 공포와 혼돈에 빠진 세상을 보다 못한 조상들의 만류로 학살을 그만두었다.
14 스른자야_ 빤짤라에 속한 부족이나 종종 독립된 부족으로 취급되기도 한다. 바라따들의 전쟁에서 빤짤라들과 더불어 빤다와 측에 서서 까우라와들과 싸운다.
15 다나와_ 다누의 자식들이라는 뜻으로, 신(또는 데와deva)과 적대적 관계인 초월적 존재들이다.

어버린 전장의 바다에서 분노의 광휘로 활활 타올라 말과 코끼리와 보병과 기병들을 무참히 빠뜨려 죽인 이를, 적의 영웅들을 휩쓸어내며 적군을 태워버린 이를, 그런 이를 대체 어떤 용맹스런 영웅이 바다를 막는 경계선처럼 멈추어 세웠더냐?

산자야여, 적을 처단하는 비슈마는 두료다나의 이로움을 위해 언제 자신이 할 일을 했더냐? 누가 그의 전방에 섰더냐? 기개를 가늠키 어려운 저 비슈마의 오른쪽 바퀴를 누가 지켰더냐? 죽을 힘을 다해 그의 후방에서 적의 영웅을 막아낸 이는 누구더냐? 비슈마를 보호하기 위해 누가 그의 바로 앞에 섰더냐? 전투하는 저 영웅의 앞바퀴는 어떤 영웅이 지켰더냐? 산자야여, 누가 그의 왼쪽 바퀴 옆에 서서 스른자야들을 죽였더냐? 전투할 때 전방에 서서 저 범접키 어려운 이를 지킨 이는 누구더냐? 누가 그의 곁에 서서 가기 어려운 길을 뚫어내고 갔더냐? 산자야여, 저 혼돈의 전장에서 적의 영웅들과 맞서 싸운 이는 누구더냐? 이기기 어려운 상대라고는 하나 영웅들이 그를 지키고 그가 영웅들을 지켰거늘 어찌 그 전투에서는 저들을 빨리 제압하지 못했더냐?

산자야여, 그는 온 세상의 주인이었고 지고한 생명의 주인이었다. 빤다와들이 어찌 그를 칠 수 있었단 말이냐? 산자야여, 적들과 싸울 때 저 범 같은 비슈마는 전장에서 까우라와들의 섬이었다. 그런 그가 무너졌다고 말하는 게냐? 그의 위용에 기댈 수 있었기에 호기로운 내 아들은 빤다와들을 무시할 수 있었느니! 그가 어찌 적에게 죽임을 당했단 말이냐? 예전에 인드라와 신들은 다나와들과 싸우며 전장에서는 맹폭하고 서약이 굳은 내 아버지께 도움을 청하였느니! 세상의 복인 저 대영웅이 태어나자 샨따누는 근심도 슬픔도 고통도 다 떨쳐버렸었다. 모든 것이 아들 비슈마의 복 때문이었느니!

지고한 지혜를 지닌 이, 무엇이 진리인지 아는 이, 참다운 법에 마음 쏟는 순수한 이, 『베다』와 『베당가』16의 진리를 꿰뚫어 아는 이, 어찌 그런 이가 죽었다고 내게 말하느냐? 어떤 무기든 다룰 줄 알며 자제력 있고 평온한 저 기개 높은 샨따누의 아들이 죽었다고 들었을 때 나는 남은 내 군사들이 모두 무너졌다고 여기느니! 나는 이제 아노라. 아다르마가 다르마17를 덮쳤음을! 나이든 어른이 쓰러진 곳에서 빤다와들은 왕국을 원하고 있구나!

예전에 자마다그니의 아들 빠라슈라마, 어떤 무기 다루는 데도 당할 자 없던 그는 암바를 위해 전장에서 비슈마와 결전을 벌였으나 패하고 말았었다. 그대는 지금 인드라 같은 행적을 지닌 이가, 궁수 중에서도 가장 빼어난 비슈마가 죽었다고 말하는구나. 이보다 더 아픈 말이 어디 있으랴!

자마다그니의 아들 라마는 전투에서 크샤뜨리야의 서약을 지키는

---

16 베당가vedaṅga_ '『베다』의 가지 또는 『베다』의 부분'이라는 뜻으로 일종의 『베다』의 부록이며, 『베다』의 적확한 발음과 해석 또는 진언의 올바른 사용 등을 위해 쓰인 보조 작품이다. 쉭샤śikṣā, 찬다스chadas, 위야까라나vyākaraṇa, 니룩따nirukta, 죠띠샤jyotiṣa, 깔빠kalpa 등의 여섯 베당가가 있다. 쉭샤는 『베다』에 대한 올바른 발음과 발성을 위한 발음학, 찬다스는 운율학, 위야까라나는 문법학, 니룩따는 『베다』의 어려운 단어를 어원적으로 설명하는 어원학, 죠띠샤는 천문학 그리고 깔빠는 『베다』의 의례 또는 의식에 관한 학문이다.
17 다르마와 아다르마_ 다르마는 진리와 바른 법 또는 도리와 세상의 참된 이치를, 아다르마는 그에 반하는 것을 뜻한다.

이들을 무수히 짓밟고 적의 영웅을 처단했었다. 그렇다면 온갖 무기에 달통하고 최상의 무기를 능히 다루는 영웅을, 전장을 겪고 겪은 저 바라따의 황소를 죽인 드루빠다의 아들 쉬칸딘은 전장에서 무적이던 브르구의 후손 라마보다도 기와 위력과 기력이 더 뛰어나단 말이냐? 어떤 영웅들이 적과의 전장에서 적을 궤멸시키는 그를 따랐느냐? 산자야여, 비슈마와 빤다와의 전투에서 벌어진 일을 내게 말해다오. 산자야여, 내 아들은 이제 제 영웅 잃은 여인네와 같겠구나. 나의 군대는 이제 양치기 잃고 우왕좌왕하는 양떼 같겠구나.

온 세상 최고의 용맹을 지녔던 이가 대전투에서 절멸했을 때 그대의 마음은 어떠하더냐? 산자야여, 세상의 지표가 되었던 대영웅 아버지를 죽음에 이르게 한 우리는 이제 살아가는 데 필요한 어떤 힘을 갖고 있단 말이냐? 비슈마가 쓰러진 뒤 너무나 힘에 겨울 내 아들들은 강을 건너려던 이가 바닥 모를 물에 빠져버린 배를 보고 낙망하는 꼴이겠구나. 범 같은 사내 비슈마가 쓰러졌음을 듣고도 터지지 않은 것을 보니 내 심장은 필시 무쇠만큼이나 단단한 게로구나.

무기 다루는 법도, 깊은 지혜도, 책략도 모두 저 바라따의 황소 안에 있거늘, 가늠할 수 없고 정복할 수 없는 그가 어찌 전장에 쓰러져 있단 말이냐? 무기로도, 용맹으로도, 놓음으로도, 지혜로도, 당당함으로도, 고행으로도, 정녕 죽음을 벗어날 인간은 없도다! 산자야여, 그대가 내게 샨따누의 아들 비슈마가 쓰러졌음을 이른다면 시간은 그야말로 세상 누구도 정복할 수 없는 대영웅이로다!

나는 예전에 샨따누의 아들 비슈마로부터 피난처를 구했었거늘, 내 아들들이 지금 얼마나 서러워할까 생각하니 너무 괴로워 내게 닥친 이 고통은 마음에 담을 수도 없구나. 산자야여, 땅에 떨어진 태양 같은 샨따누의 아들을 보고 두료다나는 무엇을 어찌 하려 하더냐? 산자야여, 아무리 머리를 싸매고 생각해봐도 누가 내편이고 누가 적군인지, 남아 있는 왕들 누가 누구와 맞서 싸울지 좀처럼 감을 잡을 수 없느니. 빤다와들이, 그리고 내 아들들이 할아버지를 죽게 하고 왕국을 탐한다면, 저 샨따누의 아들을 죽이고 왕국을 탐한다면 선인들이 우리 앞에 펼쳐 놓은 크샤뜨리야 율법은 잔혹하기도 하구나! 크샤뜨리야 율법이 살아 있는 한 쁘르타[18]의 아들들도 내 아들들도 잘못이 없는 것을! 산자야여, 율법을 바탕 삼아 온 힘을 다해 더 없는 용맹을 보여주는 것, 그것은 어떤 어려움 속에서도 해내야만 하는 아르얀[19]의 임무로다.

내 소중한 산자야여, 저들의 군대를 도륙해가던 이, 수치를 아는 불패의 비슈마를 대체 무슨 수로 빤두의 아들들이 넘어뜨린 것이냐? 산자야여, 병사들은 어떤 방식으로 썼더냐? 고결한 이들끼리 어떻게 싸우더냐? 내 아버지 비슈마는 적에게 어떻게 당하셨더냐? 두료다나, 까르나[20], 수발라의 노름꾼 아들 샤꾸니[21], 두샤사나는 비슈마가 죽었을 때

---

18 쁘르타_ 꾼띠의 다른 이름.
19 아르얀_ 여기서는 마누의 『다르마 샤스뜨라dharma śstra』를 따라야 하는 아르얀을 일컫는다.
20 까르나_ 태양신 수르야와 꾼띠의 혼전아들로 태어났으나 버려져 마부에게 길러졌고, 이후 두료다나의 가장 가까운 벗이자 충복이 되어 까우라와 측에서 싸우는 비운의 영웅이다.
21 샤꾸니_ 협잡꾼이요 모사꾼으로 묘사되는 간다라 왕국의 왕이자 드르따라슈트라의 아내 간다리의 동생, 따라서 드르따라슈트라들에게는 외삼촌이 된다. 그는 빤다와들의 맏이 유디

뭐라 말하더냐? 사람과 코끼리와 말들의 몸뚱이가 화살과 투창과 철퇴와 칼과 창과 전차에 뒤섞여 나뒹구는 곳, 가까이 갈 수조차 없는 위험 천만한 전장의 노름판 위에 지혜 더딘 인간 황소들이 들어가 목숨을 내기로 걸고 얼마나 무서운 주사위를 던지더냐?

산자야여, 누가 이겼느냐? 누가 또 졌느냐? 누가 깃발을 빼앗았느냐? 산따누의 아들 비슈마 말고 또 누가 쓰러졌느냐? 내게 모두 다 말해다오. 신과 같은 맹세를 했던 무서운 행적의 아버지가 이 전장에서 죽어 넘어졌음을 들으니 내 마음엔 평화가 없구나. 슬픔이 밀려드는구나. 산자야여, 불에 기이를 붓듯 그대는 내 고통스런 마음에 대고 아들들로 인한 크나큰 걱정의 불을 붓느니! 온 세상 널리 이름 떨쳤던 비슈마가 그토록 무거운 짐을 짊어졌다 내려놓은 것을 본 내 아들들은 분명 슬픔의 도가니에 빠져 있으려니. 나는 두료다나가 몰고 온 엄청난 고통에 대해 들으리라.

그러니 말하라, 산자야여, 그곳에서 벌어진 모든 일에 대해 내게 말하라. 산자야여, 아둔하고 지혜 없이 태어난 녀석이 전장에서 왕들에게 저질렀던 책략이라면 잘못된 것이거나 잘된 것이거나 모두 다 내게 말하여라. 승리를 갈망하던 비슈마가 그곳 전장에서 했던 일, 온갖 무기 다 다루던 기력 창창한 이가 했던 일을 남김없이 말해다오. 꾸루와 빤다

슈티라를 노름에 초대하고 속임수로 모든 것을 빼앗아 형제들과 함께 숲속으로 쫓아버린다. 빤다와-까우라와 사촌간의 갈등을 부추긴 그의 그런 행각은 결국 바라따 족이 꾸루 들녘에서 전쟁을 벌이는 데 가장 큰 빌미를 제공한 셈이 된다.

와 군대 간의 전투는 어떻게 펼쳐졌는지, 어떤 순서로, 어떤 시점에, 왜 벌어졌는지 모두 말해다오.'

산자야가 말했다.

"대왕이시여, 대왕께선 하문하실 만하고 충분히 답을 들으실 만합니다. 그러나 두료다나에게만 잘못을 씌우셔서는 안 됩니다. 자신이 잘못한 일에 결과가 좋지 않다고 하여 제 잘못을 다른 사람 탓으로 돌려서는 안 되지요. 대왕이시여, 사람들 사이에서 뭔가 잘못을 행했다면 그런 일을 저지른 것에 대해 온 세상의 비난을 죽도록 받아 마땅합니다. 속임 없는 빤다와들은 당신을 섬긴 탓에 책사들과 함께 속임을 당했습니다. 그러나 저들은 오래 전 숲에서 이미 당신을 용서했습니다.

말과 코끼리와 기력 창대한 저 용사들에 대해 소인이 직접 본 것을, 또는 요가의 위력으로 본 것을 들어 보소서. 헛되이 슬픔에 마음을 엮어 두지 마소서. 인간을 지키는 분이시여, 이것은 결단코 오래 전에 정해진 운명이며, 맞아야 할 숙명이랍니다. 왕이시여, 소인이 더할 나위 없는 천상의 앎을 얻은 것, 감각 너머의 눈을 갖게 된 것, 먼 곳의 일을 듣게 된 것은 모두 당신의 아버지, 사려 깊은 빠라샤라 아들 위야사 덕입니다. 타인의 생각을 알게 된 것, 과거와 미래를 보는 것, 일어날 일의 조짐을 알게 된 것, 하늘을 움직여 다닐 수 있는 힘은 모두 그분 덕이지요. 전장에서 무기가 소인을 침해할 수 없는 것 또한 그분 덕이랍니다. 그러니 그분께 절을 올린 뒤 드릴 이 말씀을 들어보소서. 저 끔찍한 바라따들의 대전투가 어떻게 벌어졌는지, 얼마나 현란하고 얼마나 털이 곤두서도록 놀라운 일이 가득한지 모두 말씀드릴 테니 들어보소서.

대왕이시여, 군대가 규율에 따라 진을 구축하고 행군하자 두료다나가 두샤사나에게 이렇게 말하더이다.

'두샤사나여, 비슈마를 지킬 전차들을 어서 매어라. 전군을 어서 재촉하여라. 마침내 여러 해를 마음속에 품어온 일, 꾸루들이 빤다와들과 그들의 군대에 맞설 때가 왔구나. 전장에서 비슈마를 지키는 것보다 더 큰 일은 없을 터이다. 그분을 잘 지키면 그분이 빠르타들을, 소마까들을, 스른자야들을 죽일 것이다. 저 무구한 영혼 비슈마 당신은 쉬칸딘을 죽이지 않겠노라고, 그가 이전에는 여인이었다고 하니 전장에서 그를 피하겠노라고 내게 말씀하셨다. 그러니 비슈마를 특히 쉬칸딘으로부터 더 잘 보호해야 한다고 여겨지는구나. 전군은 쉬칸딘을 파괴하는 데 몰두하라. 무기에 달통한 모든 군사는 동쪽에서, 서쪽에서, 남쪽에서 그리고 북쪽에서 할아버지를 보호하여라. 늑대가 괴력의 사자를 죽일 수도 있는 법이다. 쉬칸딘이라는 자칼이 사자를 죽이지 못하게 하여라. 아르주나가 쉬칸딘을 보호하는 동안 유다만유는 아르주나의 왼쪽 바퀴를, 웃따마오자스는 오른쪽 바퀴를 지키리라. 두샤사나여, 아르주나가 보호하고 비슈마가 피하는 쉬칸딘이 강가 아들을 죽이지 못하게 하여라.'

그리고 밤이 새벽을 위해 길을 내주었을 때, '고삐를 매라, 고삐를!'이라고 외치는 왕들의 엄청난 함성이 울렸습니다. 바라따의 후손이시여, 사방에서 소라고둥 소리, 북소리, 사자 같은 포효와 함께 놀란 말들의 울음소리, 전차바퀴 소리가 뒤엉켜 들렸습니다. 거대한 코끼리들의 울부짖음, 함성, 신음, 전사들의 팔 두들기는 소리[22]가 들리더이다.

대왕이시여, 동이 트자 빤다와들과 꾸루들의 대군이 남김없이 모두 고삐를 매고 일어섰습니다. 인드라 같은 왕이시여, 당신의 아들들과 빤두 아들들의 금칠 갑옷을 두른 코끼리들과 황금으로 장식된 전차들은 그곳에서 마치 번개 띠 두른 구름인 듯 빛났답니다. 전차병들은 오밀조밀한 마을들 같았고 당신 아버지는 그곳에서 보름달처럼 몹시 밝게 빛났습니다. 전사들은 활, 창, 철퇴, 투창, 원반, 그리고 각자에게 주어진 번쩍이는 다른 무기로 무장하고 전투태세를 갖추었지요. 백성을 지키는 왕이시여, 코끼리, 전차, 보병, 말들이 제자리를 찾고 수백수천으로 진을 이루었습니다. 아군과 적군 왕들의 수천 개의 깃발, 드높이 치솟은 온갖 모양의 깃발이 금빛으로, 화려한 보석 빛으로, 훨훨 타오르는 불꽃의 빛으로 빛나며 모두 하나같이 인드라의 궁궐에서 빛나는 인드라의 무지개 깃발처럼 보였답니다.

황소 눈 지닌 인드라 같은 사내들이 번쩍이는 무기를 치켜들고, 손목 보호대를 단단히 묶고, 화살집에 화살을 가득 채워 넣은 채 전방에 섰습니다. 수발라의 아들 샤꾸니, 샬리야, 신두 왕 자야드라타, 아완띠의 윈다와 아누윈다, 깜보자의 수닥쉬나, 깔링가의 쉬루따유다, 자야뜨세나 왕, 꼬살라의 브르하드발라, 사뜨와따 족의 끄르따와르만이 사단을 이끄는 범 같은 열 명의 대장이었습니다. 물러섬 없는 용사요, 희생제에선 막대한 닥쉬나[23]를 베푸는 영웅이었답니다.

---

22 전사들의 ~ 이는 전사들이 도전의 의미로 왼쪽 팔을 오른쪽 팔로 툭툭 두드리는 것을 묘사한 것이다.

그들 말고도 두료다나 휘하의 다른 수많은 용사, 왕국은 작지만 정책을 펼 줄 알고 큰 힘을 지닌 왕들 그리고 왕의 아들들이 무장한 채 제각각의 군대를 이끌고 나타났습니다. 검은 사슴 가죽을 둘러매고, 깃발을 들고, 문자 띠를 성스럽게 맨[24] 이들이 두료다나를 위해, 그의 브라흐마 세계를 위해 성수를 뿌렸답니다. 그들이 자리 잡고 서서 열 개의 풍요로운 사단을 쥐락펴락 하고 있었지요. 산따누의 아들 비슈마께서는 드르따라슈트라 당신의 아들이 전군의 맨 앞 선봉에 선 열한 번째의 까우라와 대사단을 이끌었습니다.

대왕이시여, 흰 두건 두르고, 흰 갑옷 입은 비슈마께서 흰 말을 탄 모습은 마치 달이 훤히 떠오를 때의 광경 같았답니다. 흰 구름 사이를 뚫고 비추는 강렬한 태양처럼 은빛 전차를 타고 황금 딸라나무 깃발을 들고 선 비슈마를 꾸루와 빤다와들이 바라보았습니다. 대병력의 맨 앞에 선 비슈마를 본 빤다와들과 드르슈타듐나[25]가 이끄는 스른자야 대병력은 두려움에 떨었습니다. 하품하는 사자를 본 가여운 사슴 떼처럼 드르슈타듐나가 이끄는 전 병력이 두려움에 떨었답니다.

바라따의 후손이시여, 빛으로 장식된 당신의 열한 개 사단이, 고결

---

23 닥쉬나dakṣiṇā_ 희생제 등의 종교적 의례를 마친 제주가 브라만 제사장들에게 바치는 선물 또는 사례를 뜻한다. 배움을 끝낸 제자가 스승에게 바쳐야 하는 사례를 뜻하기도 한다.
24 검은 사슴 ~_ 브라만을 상징하는 것들이다. 문자는 상위 세 계급 사람이 일정한 나이가 되면 어깨에서 허리까지 내려뜨려 매는 거칠고 성스러운 풀이다.
25 드르슈타듐나_ 드루빠다의 아들이며 빤짤라의 왕자이자 빤다와들의 공처인 드라우빠디의 오라비로 빤다와 군대를 이끄는 군사대장이다.

한 이들이 지키는 빤다와들의 일곱 사단이 있었습니다. 두 병력은 마치 세기의 끝에 미친 상어 떼가 날뛰고 거대한 악어 떼가 들끓는 두 개의 거대한 바다가 부딪치는 것 같았답니다. 왕이시여, 저토록 엄청나게 모여든 병력은 예전엔 본 적도 들은 적도 없나이다."

산자야가 이어 말했다.

"성스러운 위야사 끄르슈나 드와이빠야나께서 말씀하셨듯이 지상의 모든 왕이 모여들었답니다. 그날의 달은 마가 행성26의 표식으로 떠 있었고, 하늘에는 일곱 개의 대행성27이 모여서 타는 듯 빛났습니다. 태양은 두 개로 나뉘어 떠오르는 듯하다가 창공에 완전히 떠올랐을 때는 마치 불꽃이 이글거리는 것 같았답니다. 불타는 지평선에서는 자칼과 까마귀들이 살점과 피의 잔치를 벌일 시체를 탐하며 울부짖었습니다.

빤다와들과 꾸루들의 나이든 할아버지와 드로나는 아침에 일어나면 날이면 날마다 '승리가 빤다와들에게 가야 하리!'라고 말씀하시면서도 적을 길들이는 저 두 분은 당신들 스스로 맹세했던 대로 마마를 위해 싸우셨지요. 모든 다르마를 꿰뚫어 아는 당신의 아버지 데와우라따 비슈마께서 왕들을 모아 놓고 이렇게 말씀하시더이다.

'크샤뜨리야들이여, 그대들 앞에 활짝 열린 이 문은 하늘세계에 이르는 문이니 이 문을 통해 인드라와 브라흐마 세계로 들어가야 하리. 이

---

26 **마가 행성**_ 힌두력 열 번째 달로 다섯 개의 별을 거느리고 있다.
27 **일곱 개의 대행성**_ 맨눈으로 볼 수 있는 천체로, 달, 수성, 금성, 태양, 화성, 목성, 토성이다.

것은 그대들의 선조와 그 선조들이 갔던 영원의 길이다. 온 마음으로 전투에 임해 스스로를 드높여라. 나바가, 야야띠, 만다뜨르, 나후샤, 느르가도 그대들과 같은 행적을 쌓아 신성해졌고, 그리하여 최상의 거처에 이르렀느니! 크샤뜨리야들에게 아다르마는 병들어 집에서 죽는 것이며, 영원한 다르마는 전장에서 죽음을 구하는 것이다.'

황소 같은 바라따시여, 비슈마께 이런 말을 들은 이 땅의 왕들은 자리를 떠나 각자의 진영으로 돌아갔고, 저마다의 훌륭한 전차에서 밝게 빛났답니다. 황소 같은 바라따시여, 그러나 까르나는 책사들, 친지들과 함께 무기를 내려놓으라는 명을 받았지요. 까르나를 뺀 당신 아들들과 당신 쪽에 선 왕들은 행군을 시작했고 사자 같은 포효로 시방사방을 울렸습니다.

그들의 군대는 새하얀 차양, 깃발, 기, 코끼리, 말, 전차, 보병들로 밝게 빛났답니다. 큰북과 작은북 소리, 자바라 치는 소리, 전차의 바퀴 소리들이 어우러져 지축이 흔들렸습니다. 금팔찌, 윗팔찌를 번쩍거리며 활을 맨 일당백의 전사들은 마치 걸어 다니는 산과 같아 보였답니다. 꾸루 군의 총대장 비슈마는 구름을 벗어난 태양 같은 다섯 개의 별과 야자나무가 그려진 기를 들고 서 있었습니다.

황소 같은 바라따시여, 당신의 대궁수 왕들은 샨따누 아들의 명에 따라 움직였지요. 고와사나 왕 사이비야는 왕자들을 모두 데리고 왕과 어울리는 코끼리의 왕을 앞세워 위풍당당하게 행진했습니다. 완전무장한 연꽃 피부의 아쉬와타만은 사자꼬리 기를 들고 전군의 선봉에 서서 행군했답니다. 쉬르따유스, 찌뜨라세나, 뿌루미뜨라, 위윙샤띠, 샬리야,

부리쉬라와스, 그리고 대전사 위까르나, 이 일곱 대궁수는 번쩍이는 전차에 타고 비슈마의 전방을 지키기 위해 드로나 아들의 뒤를 따랐습니다. 높고 휘황한 그들의 전차는 번쩍거렸고 그들의 금칠된 깃발은 밝게 빛났답니다. 스승 중의 스승 드로나의 금칠된 제단은 항아리와 활로 함께 장식되어 있었지요.

수백수천의 다양한 병사를 이끄는 두료다나의 기는 보석 박힌 거대한 코끼리였답니다. 그의 앞에는 깔링가, 빠우라와, 깜보자의 수닥쉬나, 크쉐마단와, 수미뜨라의 전차병들이 있었습니다. 황소 깃발을 단 마가다 왕은 매우 값진 전차에 타고 병사를 잡아끄는 듯 선봉에서 행군했지요. 한 무더기의 가을구름 같은 동쪽의 병력은 앙가 군주와 고결한 끄르빠가 지켰습니다. 아름다운 은빛 멧돼지 깃발을 앞세운 명성 자자한 자야드라타는 병사들의 선봉에 서서 수백 수천의 전차병, 팔천의 코끼리병, 육만의 기병에게 명을 내렸지요. 왕이시여, 신두 왕 자야드라타의 보호를 받으며 군대의 선두에 선 저 기세등등한 대병력은 무수한 전차, 코끼리, 말과 함께 밝게 빛났답니다.

모든 깔링가 군주는 께뚜마뜨와 함께 육만의 전차병, 만 명의 코끼리 병을 이끌고 행군했습니다. 산처럼 거대한 그의 코끼리들은 투창, 투석기, 화살집, 깃발로 번쩍였지요. 나무가 그려진 높다란 기를 든 깔링가 군주는 흰 차양과 갑주와 야크꼬리 부채와 더불어 아름답게 빛났답니다. 더없이 화려한 쇠몰이 막대를 쥐고 코끼리에 올라 탄 께뚜마뜨도 비 담은 구름 속에 빛나는 태양 같았습니다.

타는 듯한 기세로 빼어난 코끼리에 올라 탄 바가닷따 왕은 벼락을

든 신 인드라 같았답니다. 그리고 바가닷따와 어깨를 나란히 하고 코끼리에 오른 아완띠의 윈다와 아누윈다가 께뚜마뜨를 뒤따라 왔지요. 군진은 전차 몸통에 코끼리 머리, 말의 날개를 지닌 무서운 새의 형상이었고, 그 새가 사방에서 공격을 펼치는 듯했습니다. 왕이시여, 군진은 드로나, 샨따누의 아들, 드로나 스승의 아들 아쉬와타만, 바흘리까, 끄르빠가 짠 것이었답니다."

산자야가 말했다.

"대왕이시여, 곧이어 심장을 요동치게 하는 소리가 들렸습니다. 전사들이 전투준비를 하는 요란한 소리였지요. 고동, 북, 코끼리 울음, 전차바퀴 소리가 땅을 찢는 듯하더이다. 하늘은 삽시간에 히힝 거리는 말들의 소리와 전사들의 포효로 메워졌고, 대적하기 어려운 빤두의 아들들과 당신의 아들들이 지축을 뒤흔들었습니다. 황금으로 장식한 코끼리와 전차들이 번개 담은 비구름처럼 빛나 보였답니다. 인간을 지키는 분이시여, 왕실의 황금 상징으로 단장한 당신 병사들의 다양한 깃발이 불처럼 번쩍거렸습니다. 바라따의 후손이시여, 아군과 적군의 번쩍거리는 깃발들은 마치 인드라의 궁궐에서 빛나는 그의 깃발인 무지개 같았고, 황금 갑옷을 입은 영웅들은 태양과 불처럼 빛나서 훨훨 타는 행성 같더이다.

화려한 깃발을 달고 활을 치켜든 채 전투태세를 갖춘 황소 눈의 대궁수들은 군대의 선봉에서 빛났습니다. 인간을 지키는 왕이시여, 비슈마의 등을 지키는 이는 당신의 아들들이었지요. 두샤사나, 두르위샤하,

두르무카, 두사하, 위윙샤띠, 찌뜨라세나, 대전사 위까르나, 사띠야우라 따, 뿌루미뜨라, 자야, 부리쉬라와스, 샬라 그리고 이만 명의 전사가 그 들을 따랐습니다. 아비샤하들, 수라세나들, 쉬비들, 와사띠들, 샬와들, 맛쓰야들, 암바슈타들, 띠르가르타들, 께까야들, 사우위라들, 끼라따들 그리고 동, 서, 북쪽의 말라와들, 이 열두 종족 모두가 목숨을 걸고 엄청 난 전차부대를 만들어 할아버지를 지켰답니다.

마가다 왕은 만 마리의 사나운 코끼리를 몰고 전차부대를 따랐습니다. 군대 중앙에는 백 명의 육만 배에 이르는 보병이 전차바퀴와 코끼리 다리를 지키는 병력으로 배치되었지요. 수백, 수천, 수만의 병사가 활과 방패와 칼과 날카로운 발톱 같은 창을 들고 선봉에 섰습니다. 바라따의 후손이시여, 대왕이시여, 당신 아들의 거대한 열한 개 사단은 야무나강 과 합류하기 전의 강가강 같은 기세였나이다."

드르따라슈트라가 말했다.
"그리 적은 병력을 지닌 빤두의 아들 유디슈티라는 대체 어쩌고 우리의 열한 개 사단이 진군하는 것을 보고도 대적하려 들었더란 말이 냐? 인간과 신과 간다르와[28]와 아수라의 군진을 아는 꾼띠와 빤두의 아 들은 대체 어쩌고 비슈마와 대적해 싸우려 했더냐?"
산자야가 말했다.

---

28 간다르와_ 음악과 유희로 대표되는 반신이나 전투에서는 신과 아수라 못지않게 용맹하고 포악하기도 하다.

"올곧은 다르마의 왕 꾼띠의 아들은 다르따라슈트라[29] 군대의 행군을 보고 다난자야에게 말하더이다.

'내 아우여, 브르하스빠띠[30] 대선인의 가르침을 통해 우리는 적은 병력은 빼곡하게, 큰 병력은 원하는 만큼 널찍하게 펼쳐 진을 짜야 함을 알고 있다. 적은 병력으로 큰 병력을 상대하려면 바늘귀와 같은 진을 짜야 한다. 지금 우리 병력은 적군에 비해 한참이나 수가 적구나. 빤두의 아들이여, 대선인의 말씀에 따라 진을 짜 보아라.'

다르마 왕의 말에 아르주나는 이렇게 답하더이다.

'왕이시여, 벼락을 휘두르는 신[31]이 만든, 도저히 깨트릴 수 없고 조금의 흔들림도 없는 소위 '벼락' 진을 짜겠습니다. 휘몰아치는 바람 같은 싸움꾼 중의 싸움꾼, 전장에서 누구도 감히 맞서 싸울 수 없는 비마가 선봉에서 싸울 것입니다. 싸우는 법을 꿰뚫어 알고 사나운 기세로 적군을 흩뜨려버릴 저 최고의 사내가 선봉에 서서 싸울 것입니다. 두료다나를 앞세운 모든 왕은 그를 보고 사자 앞의 불쌍한 짐승들처럼 황망히 도망치겠지요. 우리 모두는 신들이 벼락 든 신을 의지하듯 싸움꾼 중의 싸움꾼, 두려움 막아주는 울타리 같은 비마를 의지해 싸우려 합니다. 무서운 행적을 쌓아온 성난 늑대 배[32], 저 황소 같은 사내를 보고 맞설 사

---

29 다르따라슈트라들_ 드르따라슈트라들과 혼동될 수 있어 가급적 드르따라슈트라의 아들(들)로 풀어 썼으나 종종 까우라와 군을 통칭할 때, 빤다와들과 대비되어 쓰일 때는 다르따라슈트라를 그대로 유지해 썼다.

30 브르하스빠띠_ 신들의 왕 인드라의 스승인 동시에 신들 모두의 스승이기도 하다.

31 벼락을 휘두르는 신_ 벼락(와즈라)을 쥔 신들의 제왕 인드라를 일컫는다.

내가 인간세상에는 없기 때문입니다. 비마세나가 벼락의 알맹이로 빚은 단단한 철퇴를 사나운 기세로 휘두르면 거대한 바다도 말려버릴 수 있습니다. 인간들의 군주시여, 우리가 드르따라슈트라의 후계자임을 안 께까야들, 드르슈타께뚜 그리고 영웅 쩨끼따나가 책사들과 함께 여기 있습니다.'

　　나의 왕이시여, 전 병력이 이렇게 말하는 쁘르타의 아들 아르주나에게 경의를 표하며 전장에서 덕담을 주고받더이다. 팔심 좋은 다난자야는 그렇게 말한 뒤 곧장 행군할 것을 병사들에게 명했지요. 꾸루들은 비에 물이 불어 가득 차오른 강가 강처럼 빤다와 대병력이 전진해오는 것을 보았답니다. 비마세나, 드루빠다의 아들 드르슈타듐나, 나꿀라와 사하데와, 영웅 드르슈타께뚜가 선봉에 섰고, 사단에 에워싸인 왕이 직접 아들 형제들과 함께 뒤를 따라 후방을 맡았습니다. 기세등등한 마드리의 두 아들이 비마의 바퀴를 지켰고, 드라우빠디의 아들들과 기력 넘치는 수바드라의 아들이 뒤를 지켰으며, 빤짤라의 대전사 드르슈타듐나가 제 사단의 용사들 그리고 최고의 전차병인 쁘라바드라까들과 함께 그들을 지켰답니다. 황소 같은 바라따시여, 그리고 쉬칸딘이 그들 뒤에 있었고, 비슈마의 파멸을 작심한 아르주나가 그를 지키며 행군했지요. 대전사 유유다나가 아르주나의 뒤를 지켰고, 빤짤라의 유다만유와 웃따마오자스는 그의 바퀴를 지켰습니다.

---

32 늑대 배_ 다섯 빤다와 중 둘째인 비마를 일컬으며, 그가 굶주린 늑대처럼 누구보다 많이 먹어 생긴 별칭이다.

48 비슈마의 죽음을 알리는 산자야

병사들의 중앙은 걸어 다니는 산 같은 거구를 지닌 발정난 코끼리들과 꾼띠의 아들 유디슈티라 왕이 차지했나이다. 빤다와들을 위해 용맹을 펼친 고결한 빤짤라의 왕 드루빠다는 대병력과 함께 위라타 뒤에 자리했습니다. 왕이시여, 질 좋은 황금장신구로 꾸민 우뚝한 기는 온갖 상징을 달고 전차 위에서 해와 달처럼 빛났답니다. 대전사 드르슈타듐나가 유디슈티라를 지키기 위해 형제, 아들들과 함께 뒤를 따랐습니다. 거대한 원숭이를 세운 아르주나의 기 하나가 적군인 당신 병사들의 온갖 기를 모조리 위압하더이다.

비마 앞에는 수백수천을 헤아리는 보병이 창, 칼, 투창 따위로 무장하고 지켰습니다. 이마 터지고 취한 수만 마리의 사납고 산 같은 거구의 코끼리들[33]이 터진 이마로부터 연꽃 향기 풍기는 즙을 비구름처럼 흘러내리며 움직이는 산처럼 왕의 뒤를 따라다녔지요. 감히 누구도 범접할 수 없는 고결한 비마는 무섭고 섬뜩한 쇠도리깨 철퇴를 끌며 대병력을 이끌었답니다. 그의 곁에 가까이 선 전사들은 어떤 방향에서도 그를 똑바로 쳐다볼 수 없었지요. 빛으로 활활 타는 태양 같은 그를 눈으로 바로 쳐다보기가 어려웠기 때문입니다. 그것이 '벼락'이라고 불리는 진이었습니다. 사방에 얼굴이 있어 깨트리기 어려운 진, 간디와 활의 주인 아르주나가 번개 깃발과 활로 지키는 진이었지요. 빤다와들이 직접 지

---

33 이마 터지고 ~_ 힘 좋고 사나운 코끼리들을 지칭하는 인도신화와 문학의 전형적 표현방식이다. 인도신화에서 발정기의 수코끼리 이마에서 발정액과 같은 즙이 흘러내리고 이 즙과 그것의 향에 취한 코끼리들은 눈에 뵈는 것 없이 앞뒤 가리지 않고 어느 것과도 사납게 싸워 이기는데 그중에서도 예순 살 된 코끼리가 가장 용맹스럽다고 한다.

키는, 인간세상에서는 누구에게도 패하지 않는 빤다와들이 당신 군대를 향해 돌진하는 진이었답니다.

양쪽 진영이 해가 떠오르기를 기다리는 여명에, 맑은 하늘에서는 젖은 바람이 불었고 천둥이 내리쳤습니다. 모래자갈을 실은 사나운 회오리바람이 밑에서부터 불었고, 솟아오른 먼지가 세상을 어둠으로 뒤덮었지요. 황소 같은 바라따시여, 거대한 운석이 동쪽으로 떨어지더니 떠오르는 태양을 내리쳐 굉음을 냈답니다. 황소 같은 바라따시여, 훌륭하신 바라따시여, 병사들이 바짝 경계하고 있는 동안 빛 잃은 태양이 소란스럽게 떠올랐고, 대지가 흔들리더니 굉음과 함께 갈라졌습니다. 왕이시여, 사방에서 수많은 불길한 조짐이 일고 먼지는 너무나 두꺼워 한치 앞도 볼 수가 없더이다. 느닷없는 바람에 깃발이 흔들려 종들의 물결이, 황금화관들의 물결이 일렁였습니다. 태양빛을 지닌 드높은 깃발들이 펄럭이더니 잠잠하던 소리가 서서히 일었고 마치 딸라나무 숲에 있는 듯한 소리를 내더이다. 이런 식으로 저 범 같은 사내들, 전쟁에 취한 빤다와들은 당신 아들의 군대에 맞선 방어진을 폈습니다. 황소 같은 바라따시여, 그것은 마치 철퇴를 손에 쥔 비마세나의 모습을 선봉에 보여 당신 병사들의 골수를 빼낼 것 같은 진이었나이다."

드르따라슈트라가 말했다.
"산자야여, 태양이 떠올랐을 때
누가 먼저 환호하듯 전쟁을 맞았더냐?
전장에서 비슈마가 인도하는 내 아들들이었더냐?

아니면 비마가 이끄는 빤두의 아들들이었더냐?

달과 태양과 바람은 어느 쪽을 향했더냐?
들짐승들은 어느 쪽 진영을 향해 울부짖더냐?
어느 쪽 젊은이들이 기쁨에 찬 낯빛이더냐?
모든 것을 있는 그대로 다 말해다오."

산자야가 말했다.
"왕이시여, 양쪽 진영에서 똑같이 일어섰고
양쪽 진영 모두가 환호하는 모습이었나이다.
양쪽 모두의 낯이 산등성이 같은 빛이더이다.
양쪽 모두에 코끼리와 전차와 말이 가득 채워졌나이다.

양쪽 진영이 모두 웅대했고, 모두 살벌했으며,
바라따시여, 양쪽이 똑같이 참을 수 없어하더이다.
양쪽이 모두 하늘을 얻기 위해 쏟아져 나왔나이다.
양쪽 모두 좋은 이, 귀한 이가 지켰나이다.

다르따라슈트라의 꾸루들은 서쪽을 향해 섰고
호전적인 빤다와들은 동쪽을 향해 서 있었나이다.
까우라와들은 다이띠야 군 같았고
빤다와들의 군은 신들의 것인 듯하더이다.

빤다와들의 뒤로는 상서로운 바람이 불었고
다르따라슈트라들을 향해서는 들짐승들이 울부짖었나이다.
당신 아들의 코끼리들은
마주선 코끼리 왕의 찌를 듯 취한 향을 견디지 못하더이다.

꾸루들의 한가운데서 두료다나는
태생 좋고 힘 좋은 연꽃 빛깔 코끼리,
이마 터져 황금 즙 흐르는 코끼리에 올라
가객과 시인들의 찬미를 받았나이다.

달빛처럼 새하얀 햇빛가리개와
황금으로 빚은 관이 그의 머리 위에 빛나더이다.
간다라 왕 샤꾸니는 산더미 같은 간다라 병사들과 함께
사방에서 그를 지켰나이다.

하얀 차양 아래 하얀 활, 소라고둥 든
나이든 비슈마가 전군의 선봉에 있었나이다.
하얀 두건 두르고 하얀 깃발 들고 흰 말이 끄는
그는 마치 하얀 산인 듯하더이다.

다르따라슈트라 모두가 그의 병사들이었고

샬라, 바흘리까 군대의 일부, 암바슈타 크샤뜨리야,
신두의 병사들, 사우위라 그리고
빤짜나다에서 온 용사들도 그의 병사들이었나이다.

붉은 말 매진 황금전차에는
팔심 좋고 기개 넘치는 고결한 드로나가 있었나이다.
모든 왕들의 스승으로 명성 자자한 이,
그가 인드라처럼 군의 후방을 지켰더이다.

군의 한가운데에는 와르다크샤뜨리,
부리쉬라와스, 뿌루미뜨라, 자야,
샬와, 맛쓰야, 께까야의 모든 호전적 형제가
코끼리병들과 함께 있었나이다.

북쪽 대장인 고결한 샤라드와따 끄르빠,
대궁수이자 수려한 용사요 고따마의 아들인 그가
샤까, 끼라따, 야와나, 빠흘라와 병사들을 이끌고
북쪽에서 군을 지켰나이다.

안다까, 우르슈니, 보자의 대전사들 그리고
칼을 뽑아든 사우라슈트라, 나이르르띠들이 지키는
끄르따와르만, 참으로 대단한 힘을 지닌 그가

당신 군의 남쪽을 맡았나이다.

왕이시여, 아르주나의 죽음 또는
아군의 승리를 위해 만들어진 맹약전사들의 만 대의 전차가
아르주나 있는 곳으로 진군할 채비를 마쳤답니다.
뜨리가르따 용사들 또한 그러했나이다.

바라따의 후손이시여, 당신에게는 수백수천의 코끼리가 있었습니다. 그리고 코끼리마다 백 대씩의 전차가, 전차마다 백 명의 기병이, 말마다 열 명의 궁수가, 궁수마다 방패 가진 열 명의 보병이 딸렸지요. 날이면 날마다 당신의 선봉장인 샨따누의 아들 비슈마는 신과 아수라와 간다르와의 진에 필적할 진형을 짰답니다. 그리고 보름달에 치솟는 바다 같은 다르따라슈트라의 대전사들은 전장에서 비슈마가 짠 진형에 따라 서쪽을 향해 자리 잡았습니다.

깃발을 펄럭이는 당신의 드센 병사들은 많고 많았으나
왕이시여, 빤다와의 병사들은 그렇지 않았나이다.
그럼에도 그들의 병력은 웅대했고, 이기기 어려워 보이더이다.
끄르슈나와 아르주나가 그들을 이끌고 있었기 때문이었습니다."

산자야가 말했다.
"다르따라슈트라의 거대한 병력이 일어서는 것을 본 꾼띠의 아들

유디슈티라는 풀이 죽었습니다. 비슈마가 이끄는 진, 꿰뚫을 수 없어 보이고 실제로도 꿰뚫을 수 없다고 여긴 진을 보고 풀죽은 빤두의 아들이 아르주나에게 말하더이다.

'팔심 좋은 다난자야여, 할아버지가 전사로 나선 다르따라슈트라들에 우리가 무슨 수로 전장에서 맞서 싸울 수 있겠느냐? 적을 괴롭히는 비슈마, 기개 넘치는 우리 할아버지께서는 도저히 깰 수 없고 흔들림 없는 진을 법전의 규칙에 따라 만드셨구나. 적을 괴롭히는 아우여, 우리와 우리 병사들은 위험에 처해졌다. 이처럼 엄청나게 다가오는 병력으로부터 우리가 어찌 빠져나올 수 있겠느냐?'

드르따라슈트라 왕이시여, 그러자 아르주나가 당신의 군대를 보고 풀이 죽어 있는 왕, 적을 처단하는 쁘르타의 아들 유디슈티라에게 말하더이다.

'백성을 지키는 분이시여, 제 아무리 영리하고 수적으로 우세한 용사라고 해도 그보다 훨씬 적은 수에 제압당할 수 있음을 알게 될 것입니다. 빤다와 왕이시여, 그 연유를 말씀드릴 터이니 괜한 근심 마소서. 나라다 선인[34]도, 비슈마도, 드로나도 모두 이를 아십니다. 세상의 할아버지 브라흐마는 예전에 신들과 아수라들 간의 전쟁에서 바로 이 문제에 관해 대인드라와 여타의 신들에게 "승리를 얻고자 하는 이는 힘과 위세가 아니라 진실과 자비로, 또한 다르마와 기개로 승리하지요. 아다르마,

---

34 나라다 선인_ 천상과 지상을 연결하는 소식통이다. 천상과 지상에서 좋고 궂은 소식을 날라 천상의 비밀을 발설하기도 하고 지상의 아름다운 소식을 천상에 전하기도 한다.

탐욕, 미혹을 버리고 기상을 세운 뒤 자신을 버릴 각오로 싸우시오. 다르마가 가는 곳에 승리가 있을 것이오"라고 말했다고 합니다.

그러니 왕이시여, 전장에서의 승리는 우리 것이 분명함을 아소서. 나라다가 말씀하셨듯이, 끄르슈나가 가는 곳에 승리가 있을 것입니다. 승리는 끄르슈나가 본디부터 지니고 있던 덕목입니다. 승리는 늘 끄르슈나의 뒤를 따라다닙니다. 겸양은 승리 이외에 끄르슈나가 지닌 또 다른 덕이지요. 끝없는 빛을 품은 고윈다[35] 끄르슈나는 적군 속을 아무렇지도 않게 나다닙니다. 항상하고 항상한 사내 끄르슈나가 가는 곳에 승리가 있습니다. 언젠가 그는 날선 활을 맨 하리 와이꾼타[36] 모습이 되어 신과 아수라들에게 "누가 이길 것인가?"라고 벼락 치듯 말했지요. 그리고 "끄르슈나를 따르는 자 승리하리!"라고 말하는 쪽에 승리가 갔답니다. 그의 은총으로 인드라와 신들은 삼계를 얻었습니다.

바라따의 후손이시여, 당신이 걱정할 만한 어떤 것도 저는 보지 못했습니다. 세상을 지배하는 서른 신의 주인께서 당신의 승리를 바란답니다.'"

---

35 고윈다_ '소몰이꾼'이라는 뜻으로 끄르슈나에게 가장 자주 쓰이는 별칭이다. 끄르슈나가 어린 시절 소몰이꾼 사이에서 자랐음을 상징하며 끄르슈나를 그린 신화에는 늘 소떼가 함께 등장한다.
36 하리 와이꾼타_ 위슈누의 별칭으로, 와이꾼타는 위슈누가 다섯 원소로 세상을 만들 때 어떤 방해kuṇṭhita도 받지 않았기(vi 또는 vai) 때문에 붙여진 별호로, 위슈누가 거처하는 장소를 와이꾼타라고 부르기도 한다.

산자야가 말했다.

"황소 같은 바라따시여, 그리하여 유디슈티라 왕은 비슈마 군에 대항할 제 병사들을 향해 '꾸루의 후손 빤다와들은 상대와 맞서 싸울 병력을 갖추었다. 그리하여 더없이 높은 천상을 전투로써 얻고자 하느니'라며 독려했습니다. 그는 한가운데 쉬칸딘의 병력을 배치해 왼손잡이 궁수37가 지키게 하고, 비마가 보호하는 드르슈타듐나도 직접 쉬칸딘을 지키게 했답니다. 왕이시여, 남쪽 병력은 사뜨와따38들의 영예로운 수장이자 인드라 같은 궁수 유유다나39가 맡았습니다.

코끼리 군의 한가운데,
대인드라의 전차 같은 전차,
보석과 황금으로 빛나는 무기들을 채운 전차,
황금고삐 맨 말들이 끄는 전차에 유디슈티라가 섰습니다.

상아 손잡이 높다란 햇빛가리개는
더할 수 없이 새하얗게 빛났답니다.
대선인들이 인간의 군주를 찬미하며

---

37 왼손잡이 궁수_ 활을 쏠 때 왼손과 오른손을 자유자재로 사용하는 아르주나를 일컫는다.
38 사뜨와따_ 끄르슈나가 속한 야다와 족의 다른 이름이다.
39 유유다나_ 사띠야끼의 다른 이름으로, 평상시에는 끄르슈나의 마부 역할을 하는 용맹스런 전사이다.

오른쪽으로 돌아 예를 갖추었습니다.

왕사들은 적의 죽음을 말하고
『베다』를 읊조리는 나이든 대선인들은
진언과 주문과 신묘한 약초로
병사들 사이를 돌며 독려했습니다.

고결한 꾸루의 수장은 브라만들에게
옷가지와 소와 과실과 꽃을,
그리고 또한 황금갑주를 바치고
신들 가운데의 인드라처럼 행군했습니다.

천 개의 태양처럼 빛나고 잠부나다 황금처럼 수려한
수백의 종이 달려 있는 아르주나의 전차,
새하얀 말이 매이고 단단한 바퀴가 떠받치는 전차는
불꽃 화환 품은 불처럼 빛났습니다.

간디와 활과 화살을 손에 쥐고
원숭이 기를 세운 영웅,
끄르슈나가 모는 전차에 탄 저 궁수,
지상에 다시없고, 다시없을 그가 행군했습니다.

무기 없는 맨 어깨로도
당신 아들의 군대를 궤멸시킬 억센 팔 지닌 이,
너무나도 섬뜩한 형상을 취하고
인간과 말과 코끼리를 전장에서 태워버릴

저 비마세나 늑대 배가 쌍둥이들과 함께
영웅 아르주나의 전차를 지켰습니다.
지상에 강림한 인드라 같은 이,
미친 황소 같고 노니는 사자 같은 그를 보고,

코끼리 왕처럼 도도한 늑대 배를 보고,
도저히 맞서 이길 수 없는 그가 전방에 선 것을 보고
당신의 병사들은 진흙탕에 빠진 낙타처럼
겁에 질려 싸울 기력을 잃었습니다.

병사들 한가운데 선 왕의 아들, 누구도 감히 맞서 이길 수 없는 최
고의 바라따 아르주나에게 끄르슈나가 말하더이다.

'진영의 한가운데서 타오르는 대장,
우리 군에게 사자처럼 보이는 저 비슈마,
꾸루 왕가의 기치이자
서른 번의 말희생제 지낸 그가 저기 서 있네.

비구름이 뜨거운 태양을 감싸듯
기개 높은 그를 병사들이 감싸고 있네.
인간들의 영웅이여, 저들을 죽이고,
바라따의 황소와 맞붙어 싸울 길을 찾게'라고."

드르따라슈트라가 말했다.

"산자야여, 누구의 병사들이 먼저 환호하는 마음으로 전투를 시작
했더냐? 누가 기운 치솟고 누가 풀죽은 마음이었더냐? 저 심장 떨리는
전장에서 누가 먼저 무기를 들었더냐? 나의 병사들이더냐, 아니면 빤다
와의 병사들이더냐? 산자야여, 말해다오. 어느 진영의 화환에 향이 났
고, 우레처럼 포효하는 어느 진영의 병사들에게서 상서로운 말들이 일
었느냐?"

산자야가 말했다.

"양쪽 군의 병사들이 모두 기쁨으로 환호했습니다. 양쪽 모두의 화
환에서 향이 나더이다. 황소 같은 바라따시여, 서서히, 도도하게 행군해
오는 대병력의 첫 번째 격전은 장엄했습니다. 소라고둥, 북, 코끼리들의
울부짖음, 혼잡한 병사들의 환호가 뒤섞인 가락소리가 귀를 멎게 할 지
경이더이다."

바가와드 기따

भगवद् गीता

1

아르주나 위샤다[*]

भगवद् गीता

* arjuna viṣāda_ '아르주나의 실의失意'로 옮겨지는 이 장부터는 전투를 시작하려다 막상 눈앞에 진치고 선 친지들을 보고 주저하며 전쟁을 단념하려는 아르주나 모습이 그려진다. 본격적인 또는 독립된 작품으로서의 『바가와드 기따』는 대개 이 부분을 기점으로 삼는다

† † †

드르따라슈트라가 말했다.

"산자야여, 다르마의 들녘, 꾸루 들녘에 호전적으로 모여든 내 아들들과 빤두의 아들들은 무엇을 했더냐?"

산자야가 말했다.

"빤다와 군이 진을 친 것을 본 두료다나 왕이 드로나 스승에게 다가가 '스승이시여, 빤두 아들들의 엄청난 병력을 보십시오. 당신의 올곧은 제자 드루빠다의 아들[1]이 진을 펼쳤습니다. 전장에서 비마와 아르주나 같은 대궁수 용사들, 유유다나, 위라타, 대전사 드루빠다, 드르슈타

---

1 **드루빠다의 아들_** 드르슈타듐나를 일컫는다. 빤다와들의 공처인 드라우빠디와는 같은 날 태어난 남매지간이다. 쉬칸딘은 이들 남매의 맏형/누이로, 드루빠다의 딸로 태어났다가 후에 아들로 몸을 바꾸어 비슈마를 죽인다.

께뚜, 쩨끼따나, 용맹스런 까쉬의 왕 뿌루지뜨, 꾼띠보자, 황소 같은 사내 사이비야, 용맹한 유다만유, 위력적인 웃따마오자스, 수바드라의 아들, 드라우빠디의 아들들, 모두가 대전사입니다. 훌륭하고 훌륭한 브라만이시여, 이제 우리의 빼어난 전사들, 내 병력을 이끌 이들의 이름을 말씀드릴 터이니 들어보십시오.

먼저 당신이 계시고, 비슈마, 까르나, 끄르빠, 사미띤자야, 아쉬와타만, 위까르나, 소마닷따의 아들, 그리고 내게 목숨을 맡긴 수없이 많은 다른 용사도 있습니다. 모두 온갖 무기 능히 다루고 모두 전투에 능한 이들입니다. 비슈마가 지키는 우리 병력은 저들과 맞설 만하고, 비마가 지키는 저들의 병력은 우리 적수가 되지 못합니다. 당신들 모두 제 자리를 잡고 어디서든 비슈마를 지킬 수 있어야 합니다'라고 말하더이다.

꾸루의 위용 넘치는 어른 비슈마 할아버지는 사자의 포효를 하며 소라고둥을 불어 두료다나의 심장을 고동치게 했지요. 그리고 불현듯 소라고둥, 큰북, 작은북, 징이 울리고 혼잡하게 들끓는 소리가 들렸답니다.

그러자 그때, 끄르슈나와 빤두의 아들 아르주나가 네 마리의 새하얀 말이 끄는 전차에 타고 천상의 소라고둥을 불었지요. 끄르슈나는 빤짜잔야를, 다난자야는 데와닷따를, 무서운 행적의 늑대 배는 거대한 소라고둥 빠운드라를 불었답니다. 꾼띠의 아들 유디슈티라 왕은 아난따위자야를, 나꿀라와 사하데와는 각각 수고샤와 나니뿌슈빠까를 불었고, 최고의 궁수 까쉬의 왕, 대전사 쉬칸딘, 드르슈타듐나, 위라타, 불패의 사띠아끼, 드루빠다, 드라우빠디의 모든 아들, 팔심 좋은 아비만유 ……. 왕이시여, 그렇게 모두 각자의 고둥을 불었지요. 그 소리는 다르따라슈트라들의 심장을 떨리게 했고, 하늘과 땅이 심히 뒤흔들리게 했습니다.

이 땅의 왕이시여, 무기들이 부딪기 시작한 전장에서 제 자리 잡은 다르따라슈트라들을 보고 원숭이 깃발의 아르주나가 활을 집어 들며 끄르슈나에게 말하더이다.

'추락 없는 이여, 양 진영 한가운데로 전차를 몰고 가주세요. 싸울 욕심으로 진치고 있는 저들을 제대로 볼 수 있을 만큼 가까이 가주세요. 이 들끓는 전장에서 내가 누구와 싸워야 할까요? 여기 이 전장에 모여 마음 어둔 드르따라슈트라의 아들을 위해 기꺼운 마음으로 싸우려는 자들이 누군지 봐야겠습니다.'

바라따의 후손이시여, 이 같은 아르주나의 말에 끄르슈나는 저 훌륭한 전차를 몰고 가 비슈마와 드로나와 이 땅의 모든 왕을 마주볼 수 있는 양 진영 가운데 세웠습니다. 그리고 쁘르타의 아들에게 말하더이다.

'모여 있는 꾸루들을 보게.'

쁘르타의 아들은 아버지들, 할아버지들, 스승들, 삼촌들, 형제들, 아들들, 손자들, 벗들이 거기 있는 것을 봤습니다. 장인들, 마음 맞는 동지들이 양 진영 모두에 있음을 본 것이지요. 꾼띠의 아들은 모든 친지가 진을 펼치고 있음을 보고 더할 수 없는 연민에 사로잡혔답니다. 그가 풀 죽어 이렇게 말하더이다.

'끄르슈나여, 내 친지 모두가 서로 맞서 싸우려 진치고 있는 것을 보니 사지가 후들거리고 입이 바싹 마릅니다. 몸이 떨리고 털이 곤두섭니다. 간디와가 손에서 미끄러져 내리고 살갗이 타오릅니다. 제대로 서 있을 수 없고 마음이 혼란스럽습니다. 께샤와²여, 뭔가 뒤틀릴 조짐이 보입니다.

　내게 속한 사람들을 전장에서 죽이고 명예를 구하지 못하겠습니다. 끄르슈나여, 나는 승리를 바라지 않고, 왕국과 행복을 바라지 않습니다. 고원다여, 왕국이 무슨 소용이며 호사스런 삶이 무슨 의미가 있으리까?

　우리가 왕국을 바라고 안락과 행복을 바라는 것은 저들을 위해서입니다. 헌데 지금 저들이 목숨을 걸고, 재물을 버리고 우리와 싸우려 마주서 있습니다. 스승들, 아버지들, 아들들, 할아버지들, 삼촌들, 장인들, 손자들, 처가형제들, 처가친척들 ……. 끄르슈나여, 나는 죽음을 두고서도, 삼계의 제왕자리를 두고서도 그럴 수 없습니다. 겨우 땅 쪼가리 따위를 위해서라면 말해 무엇 하리까?

　끄르슈나여, 다르따라슈트라들을 죽인 뒤 우리에게 무슨 기쁨이 남아 있으리까? 우리가 저 죄 많은 자들을 죽인들 죄악만이 우리에게 덮치는 것은 아니리까? 그러니 다르따라슈트라들을 처단하는 것도, 친지들을 죽이는 것도 옳은 일이 아닙니다.

　끄르슈나여, 제 사람들을 죽인다면 그 뒤에 무슨 행복이 있으리까? 끄르슈나여, 저들의 마음이 탐욕으로 덮여 있어 가문을 망치는 잘못을 보지 못하고, 동지를 배반한 죄를 보지 못한다고는 하나 멸문이 가져올 죄를 충분히 보고 있는 우리가 어찌 이 죄악을 피할 방법을 보지 못했을까요?

　가문을 멸하게 하는 것은 영원한 가문의 다르마를 멸하게 하는 것

2 께샤와 keśava_ '아름다운 머리칼을 가진 자'라는 뜻으로 끄르슈나의 별칭이다.

입니다. 다르마가 상처 입었을 때 온 가문이 아다르마에 덧씌워집니다. 끄르슈나여, 아다르마가 덮치면 가문의 여인들이 망가집니다. 우르슈니의 후손이시여, 여인들이 망가지면 계급이 섞이고, 계급이 섞이면 가문을 멸하게 한 자와 그 가문에는 지옥뿐입니다.[3] 조상들은 추락하고, 제물과 물은 더럽혀집니다. 계급이 섞이고, 한 가문을 멸문에 이르게 한 자들의 그런 잘못은 각자가 지닌 태생적 계급의 다르마[4]와 가문의 다르마[5]를 내동댕이치게 하고 맙니다.

끄르슈나여, 우리가 익히 들어온 대로 가문의 다르마를 내동댕이친 자에게 지옥의 자리는 정해져 있습니다. 아아! 우리는 왕국과 안락함을 위한 탐욕으로 제 사람들을 죽이는 크나큰 죄를 지으려 서 있습니다. 무기를 손에 든 다르따라슈트라들이 전장에서 무기 없이 무방비로 있는 나를 죽이는 편이 훨씬 낫겠습니다.'

전장에서 그렇게 말한 뒤 아르주나는 화살과 활을 버리고 슬픔으로 마음이 무너져 전차 위에 주저앉더이다."

---

3 여인들이 ~_ 이 문장에 쓰인 단어 '상까라saṃkara'는 '섞임', '뒤섞임', '뒤죽박죽'이라는 뜻으로 궁극적으로는 '계급이 같지 않은 남녀가 법이 금한 혼인을 해 계급이 섞인 자녀를 낳아 사회적 혼란을 야기하는 것'을 뜻한다. 상까라는 법전에서도, 사회전반에 걸쳐서도 매우 중한 죄를 저지르는 것으로 인식되었다.

4 각자가 지닌 ~_ 이를 뜻하는 '자띠jati'는 피부색과 각자의 특성으로 구분 짓던 특성적 계급인 '와르나varṇa'와는 본디 같은 뜻이 아니었으나 카스트가 고착되고, 섞인 계급이 비법非法이 되면서 결국 같은 뜻으로 쓰이게 되었다.

5 가문의 다르마_ 이를 뜻하는 '꿀라 다르마kula dharma'는 가문이 지켜야 할 율법으로, 자띠 다르마보다 좁은 의미로 볼 수 있으나 크게 다르지는 않다.

2

상키야 요가[*]

भगवद् गीता

* sāṃkhya yoga_ '헤아림의 요가'. 이 장은 끄르슈나가 실의에 빠진 아르주나에게 스와다르마, 즉 각자가 지켜야 할 율법과 도리 등을 중심으로 교훈을 설하는 장이다. '상키야 요가'라는 소제목이 붙은 이 장부터 끄르슈나는 본격적으로 권능한 신으로서의 위엄을 내보이며 신의 목소리를 내기 시작한다. sāṃkhya는 '셈', '수數' 등의 뜻이며, 철학으로서의 상키야(수론數論)는 힌두의 육파철학 중 하나이다. '맛뜨와tattva 또는 참된 원리'를 스물다섯 개의 숫자로 열거해 놓았다고 해서 상키야철학으로 명명되었다. 『바가와드 기따』가 상키야와 요가철학의 지대한 영향을 받기는 했지만 여기서 일컫는 상키야는 딱히 육파철학의 상키야학파를 지칭하지는 않는다.

『바가와드 기따』는 각 장의 제목에 '요가'라는 단어를 덧붙여 '~요가'라는 식으로 명명한다. 싼스끄리뜨의 많은 개념이 그렇듯 '요가'라는 단어에도 다양한 뜻이 담겨 있다. 요가의 어원은 일반적으로 '엮다', '조절하다', '합일하다' 혹은 '무아지경에 빠지다', '명상하다' 등의 뜻을 지닌 'yuj'로 본다. 빠딴잘리Patañjali는 『요가 수뜨라Yoga sutra』 첫머리에서 '요가는 마음작용을 멈추는 것yogaścitta vṛtti nirodha'이라고 정의한다. 요가의 목적은 '숱한 문젯거리에서 사람을 놓여나게 하는 것viyoga'이다. '상키야 요가'를 요가의 어원과 정의에 따라 해석하면 '헤아림으로 (신과 내가) 합일에 이르는 것' 혹은 '헤아림을 통해 마음작용을 멈추는 것' 쯤이 될 것이다.

† † †

산자야가 말했다.

"연민에 사로잡혀 눈에 눈물이 가득 고인 아르주나에게 마두를 죽인 이1가 이렇게 말했습니다."

---

1 마두를 죽인 이madhusūdana_ 끄르슈나(또는 위슈누)를 지칭한다. 『마하바라따』에 따르면 태초에 물 위에 누워 있던 마하위슈누의 배꼽에서 연꽃이 자라났고, 그 연꽃에서 창조의 지를 지닌 브라흐마가 태어났다. 마두와 까이타바는 그 연꽃에서 떨어진 두 방울의 물에서 태어난 아수라들이다. 『마하바라따』에는 그들의 죽음에 관한 언급이 없다. 그러나 『데위바가와따 뿌라나Devibhagavata Purāṇa』에 따르면, 그들은 마하위슈누의 두 귀지에서 태어났다. 데위의 축복으로 인해 자기 의지에 따라서만 죽을 수 있던 그들은 거만하기 그지없었고, 급기야 위슈누의 배꼽 연꽃에서 태어난 브라흐마의 『베다』를 훔치고 그를 죽이려고 했다. 다급해진 브라흐마를 위해 위슈누는 데위의 도움을 청했고, 정상적인 방법으로는 죽일 수 없다는 데위의 조언에 따라 속임수를 써서 그들을 죽였다. 그러한 연유로 위슈누는 마두수다나madhusūdana로 불렸고, 그들을 죽일 수 있도록 도운 데위는 까이타비kaiṭbhī라는 별칭으로 불렸다.

이어지는 산자야의 이야기는 이러하다.

성스러운 이가 말했다.

'이처럼 고약한 시기에 그 같은 의기소침이 대체 어디서 왔더란 말인가? 쁘르타의 아들이여, 내시 같은 짓 말게. 그대답지 않네. 적을 태우는 이여, 얄팍하고 나약한 마음을 버리고 일어서게.'

아르주나가 말했다.

'적을 짓누르는 끄르슈나여, 내가 어찌 저 두 분, 존중 받아 마땅한 비슈마와 드로나에게 전장에서 화살을 맞겨눠 싸우리까?

의미를 좇고자 하는² 어른들을 죽이고

---

2 의미를 ~_ 매우 다양한 해석이 가능한 구절로, 원문은 artha-kāma이며 일반적으로 '재물과 욕망'이라는 뜻이다. 바우테넌은 '탐욕스러운'으로, 에저튼은 '자신의 끝을 찾아나서는'으로, 라다크리슈난은 '자기 이득에 마음을 쓰더라도'로, 함석헌은 '부를 갈망하는 스승들'로, 길희성은 '스승들이 욕심 많다 하나' 등으로 옮기고 있다. 그러나 artha는 흔히 '뜻 또는 의미'를, kāma는 '~을 좇는, 욕심내는'이라는 뜻으로도 쓴다. 『마하바라따』라는 작품이 이어져오는 내내 드로나와 비슈마 등의 어른은 빤다와들이 옳음을 알고 또 그렇게 주장하면서도 부에 대한 욕심 때문이 아니라 두료다나에게서 실질적 보살핌을 받고 있어 도의상 두료다나 측에 서서 싸우게 된다. 그들의 그런 도의와 당위성을 그들의 '의미'로 보았고, 그런 스승과 할아버지를 이해하고 우러르며, 그러기에 싸우기를 주저하고 갈등하는 아르주나의 심성을 반영해 이렇게 옮겼다. artha-kāma를 단순히 '탐욕'이나 '재물에의 욕망'으로 옮긴다면 전쟁을 주저하고 갈등하는 것은 오직 아르주나뿐이며, 비슈마를 비롯한 어른들의 고뇌는 옅거나 없는 것으로 보일 위험도 있을 것이다. 이편과 저편의 망설임과 도의가 바로 『바가와드 기따』를 있게 한 동력이며 동기라고 본다면 소홀히 지나칠 수 없는 대목이기도 하다. 이 시에서 '왜냐하면, ~ 때문에'라는 뜻을 지닌 'hi'를 두 문장 모두에 적용해 '고절하신 저 어른들을 죽이느니 구걸하며 이 세상을 떠도는 것이 낫기 때문이며, 의미를 좇고자 하는 어른들을 지

저분들의 피에 담긴 영화를 누리느니
고절하신 저 어른들을 죽이지 않고
구걸하며 이승을 떠도는 게 낫겠습니다.

우리가 저들을 이기는 것, 저들이 우리를 이기는 것,
그중 어느 것이 더 나은지 알지 못하겠습니다.
저 앞에 진을 친 다르따르슈트라들을 죽이고 나면
우리는 더 살아가고 싶지도 않을 것입니다.

내 자성自性은 연민의 허물에 빠져 있습니다.
다르마가 무엇인지 혼란스런 자가 묻습니다.
무엇이 옳은지 또렷하게 말씀해주십시오.
당신께 묻는 당신의 제자인 내게 가르침을 주십시오.

감각을 말리는 내 슬픔을 몰아낼
어떤 것도 나는 보지 못하겠습니다.
맞설 이 없는 풍요로운 세상을 얻는다 해도,
또 신들의 왕국을 얻는다 해도!'

금 여기서 죽이는 것은 피로 물든 영화를 누리는 것이기 때문입니다'라고 옮겨도 무방하다.
읽는 이의 개별적 문맥에 맞추는 것도 나쁘지 않을 듯하다.

산자야가 말했다.

"'적을 태우는 이여', 곱슬머리 아르주나는 끄르슈나에게 그렇게 말한 뒤, '고윈다여, 나는 싸우지 않겠습니다'라고 선언하고는 입을 다물어버렸답니다. 바라따의 후손이시여, 끄르슈나가 양 진영 가운데에서 풀죽어 서 있는 그에게 비웃듯 말했습니다."

이어지는 산자야의 이야기는 이러하다.

성스러운 이가 말했다.[3]

'슬퍼해서는 안 되는 자를 위해 슬퍼하면서 그대는 지혜 담긴 말을 하는구나. 두루 아는 자[4]는 목숨 떠난 자를 위해서도, 목숨 붙은 자를 위해서도 슬퍼하지 않느니. 나는 단 한 번도 존재하지 않았던 적이 없고, 그대도, 여기 이 인간의 왕들도 그러하다. 또한 여기 있는 우리 중 어느 누구도 존재하기를 멈추지 않을 터이다. 몸에 깃든 자[5]는 이 몸에서 어

---

3 성스러운 이가 ~_ 여기서부터 끄르슈나는 아르주나의 벗이요 동지였던 이전의 다정한 모습을 버리고 전지전능한 신으로 조언하고 교훈을 주는 모습을 보인다. 따라서 번역의 흐름상 끄르슈나의 어투로는 여전히 다정하나 신으로서 다소 위압적이고 권위적인 '~ 하라, ~ 하느니!' 체를, 아르주나의 어투로는 신봉자로서 '저는' '제가' 체를 사용한다.

4 두루 아는 자paṇḍita_ 모든 것을 통틀어 넓게 아는 박사를 뜻한다. 흔히 '지혜로운 사람'으로 번역되나 싼스끄리뜨어에는 '지혜'를 뜻하는 단어가 워낙 다양해 본 번역에서는 되도록 단어의 어원에 근거해 '붓디buddhi'는 '이해 또는 이성'으로, '즈냐나jñāna'는 '앎'으로, '쁘라즈냐prajñā'는 '지혜'로, '위즈냐나vijñāna'는 '분별지'로 각기 다르게 옮겼다.

5 몸에 깃든 자dehīn_ 'deha(몸)+소유격 'īn' 형태로 '몸을 가진 자' 또는 '육신을 소유한 자'라는 뜻이다. 영역은 주로 embodied one '유형화된 자', spirit '영혼' 또는 soul '혼'이다.

린 시절, 젊은 시절, 늙은 시절을 거쳐 가고, 이후에 다른 몸을 얻어 그 또한 거쳐 가느니. 분별 있는 자는 거기에 미혹되는 법이 없다.

꾼띠의 아들이여, 추위와 더위, 안락과 고통[6]을 일으키는 감각대상과의 접촉[7]은 쉬지 않고 왔다가 또 사라지느니. 바라따의 후손이여, 그러니 견뎌라. 황소 같은 사내여, 그런 것들이 괴롭히지 않는 사람, 안락과 고통을 똑같이 여기는 사려 깊은 자에게 '죽음 없음'이 어울린다. 있지 않은 것이 존재할 수 없고, 있는 것이 아니 존재할 수 없느니.[8] 본질

국역본들 또한 '육신의 소유주'(길희성), '몸의 주인'(함석헌) 등으로 번역하고 있다.

6 안락sukha과 고통duḥkha_ 상반되는 이원적 개념 또는 대립되는 쌍의 개념으로 자주 등장하며, 문맥에 따라 행복과 불행, 기쁨과 슬픔, 즐거움과 괴로움, 편안함과 불편함 등으로 옮기기도 한다.

7 감각대상과의 접촉_ 감각대상과 감각을 차지하는 기관, 즉 감관感官과의 접촉을 의미한다. 감관은 눈, 귀, 코, 혀, 몸眼耳鼻舌身을, 감각대상은 빛, 소리, 냄새, 맛, 느낌色聲香味觸이며, 여기서 오관伍官으로 대변되는 감관이 각각의 감각대상인 빛 등과 부딪혀 감정을 불러일으킨다는 뜻이다.

8 있지 않은 것 ~_ 싼스끄리뜨어와 영어와 한글이 미묘하게 다른 문장으로, 원문인 sat와 asat 그리고 bhāva와 abhāva를 역자에 따라 각기 다르게 번역하고 있다. sat와 bhāva는 둘 다 사전적으로는 '존재, 있음, 참, 실재' 등 거의 흡사한 뜻을 갖고 있으며, asat와 abhāva는 물론 반대의 뜻이다. 덧붙이자면 sat는 '실제로 존재하는 것', bhāva는 '상황, 상태' 등의 뜻을 품고 있다. 영어에서는 흔히 sat를 'being'으로, bhāva를 'becoming'으로 표현한다. 불교적 설명을 덧붙이자면, sat는 부동적 존재인 반면 bhāva는 '연기적 흐름 속에서의 존재' 또는 '중도적 존재'라고 표현할 수 있을 것이다. '실재實在, 실존, 참된 존재'라는 뜻을 지닌 둘의 합성어 satbhāva(또는 sadbhāva) 또한 흔히 쓰이는 단어이다. 샹까라는 여기서 '있지 않은 것 또는 참이 아닌 것asat'은 인지기관을 통해 인지되는 추위나 더위 그리고 그것들을 일으키는 원인 따위로, '변하는 것vikāra'이며 '변하는 것은 모두 일시적인 것'이기 때문에 '절대적으로 참인 것vastu-sat'은 아니며, 그에 반해 '있는 것 또는 참인 것sat'은 '불변으로 인지되는 것'이라고 설명한다. 샹까라는 결론적으로 '우리 의식이 결코 놓치지 않는 것은 sat요, 놓치는 것은 asat'라고 설명한다. 라마누자는 이 문장을 '참이 아닌 것은 결코 존재할 수 없고 참인

을 보는 자는 이 둘의 경계를 본다. 그러나 이 모든 세상에 두루 퍼져 있는 그것은 멸하지 않음을 알아라.9 멸하지 않는 그것의 파멸을 불러올 만한 자는 세상 어디에도 없느니. 바라따의 후손이여, 끝이 있는 것은 다만 이들 몸뚱이, 다함없고 멸함 없으며 가늠할 수 없는 그것의 그릇인 육신10일 뿐이다. 그러니 싸우라. 그런 존재인 그것이 누구를 죽인다거나 누구에게 죽임을 당했다고 여기는 자들, 그들은 아무것도 알지 못하느니. 그것은 죽임을 당하지도, 죽이지도 않는 법이다.

그것은 결코 태어나지도 죽지도 않거니와

혹은 있었다가 다시 없게 되는 일도 없느니.11

것은 결코 사라질 수 없다'라고 옮겼다. 그리고 '있지 않은 것, 참이 아닌 것'은 결국은 사라지는vināśa '육신'으로, '있는 것, 참인 것'은 결코 사라지지 않는avināśa '혼ātman'으로 설명한다.

9 그러나 이 ~_ 언젠가는 사멸하는 추위나 더위 따위와는 달리 그것, 즉 몸에 깃든 자dehīn는 멸하지 않는다는 것이다.

10 그것의 그릇인 육신 '그것'으로 옮긴 원문은 śarīrin이다. śarīrin은 dehīn과 거의 마찬가지 뜻이나 dehīn의 어근인 deha가 '유형화된 것' 또는 어떤 '형체'로서의 몸을 뜻한다면 śarīrin의 어근인 śarīra는 생물 또는 무생물을 '담거나 감싸고 있는 집 또는 그릇'으로서의 육신을 뜻한다. 여기서는 혼동을 피하기 위해 śarīrin을 원뜻인 '육신에 깃든 자'가 아니라 앞뒤 문맥에 따라 '그것'이라고 옮겼다.

11 이 시구는 매우 까다롭고 복잡하며 해석도 다양하다. 원문 또한 두 가지로 읽힌다.

첫째: na jāyate mriyate vā kadācin
　　　nāyam bhūtvā bhavitā vā na bhūyaḥ

둘째: na jāyate mriyate vā kadācin
　　　nāyam bhūtvā̆ bhavitā vā na bhūyaḥ

해석이 분분한 이유는 이 문장들에서 보이는 '~ 이 아니다'라는 뜻의 부정어 'na'의 잦은 그것은 불생이요 항상하며 영구하고 오래되었다.

육신이 죽어도 죽임을 당하지 않느니.

쁘르타의 아들이여, 멸함 없고 항상하며 태어남 없고 변함없는 그
것을 아는 사람이 어찌 누구를 죽일 것이며, 어찌 누구를 죽게 할 것인
가?

낡은 옷 버리고

다른 새 옷 취하는 사람처럼

육신에 깃든 자는 낡은 몸 버리고

다른 새 몸 만나느니.

칼은 그것을 베지 못하고, 불은 그것을 태우지 못한다. 물은 그것을

쓰임과 bhūtvā 와 bhavitā를 분리해 쓴 판본, 그리고 bhūtvāśbhavitā처럼 붙여 쓴 판본이 공
존하기 때문으로, 이 문장을 보는 철학적 견해들이 다르기 때문이다. 여기서 부정어 'na'는
문장 전체를 부정할 수도, 한 단어만 부정할 수도 있기 때문에 'na'를 어떤 단어와 연결 짓느
냐에 따라 문장 전체의 내용이 바뀔 수도 있다. bhūtvā bhavitā와 bhūtvāśbhavitā는 완전히
다른 뜻이다. bhūtvā bhavitā는 '있게 된 뒤에bhūtvā 다시bhūyaḥ 있게 되지bhavitā 않을na'
이라는 뜻으로, 그리고 bhūtvāśbhavitā는 '있었다가 (bhūtvā)다시 없게 되지(abhavitā) 않을
(na)'이라는 뜻으로 읽힌다. 상까라는 이를 붙여 읽고, 라마누자는 떼어 읽었으나 부정어
'na'를 bhavitā의 앞뒤에 이중으로 적용함으로써 궁극적으로는 상까라와 같은 의미인 '존재
했다가 다시 없어지는 않는다'라고 해석했다. 함석헌은 '일찍이 나타난 일 없으므로 다시
나타나지 않는 일도 없을 것이다'로, 길희성은 '생겨나지 않았으니 앞으로 생기는 일도 없을
것이다'로, 그리고 에저튼은 '되었던 것이 결코 다시 되지 않을 일은 없을 것이다'로 해석하
고 있다.

적시지 못하고, 바람은 그것을 마르게 못하느니. 그것은 베이지 않고 타지 않고 젖지 않으며 마르지 않는다. 그것은 항상하고 신성하며 단단하고 아니 움직이며 영원히 이어지느니. 그것은 은재하며, 생각 너머의 것이고, 변형 너머의 것이라고 일컬어진다. 그러므로 그것이 그러함을 알아 그대는 슬퍼함이 마땅치 아니하다.

혹 그것이 늘 태어나고 늘 사멸하는 것이라 여긴다 해도, 팔심 좋은 이여, 그대가 그것을 슬퍼함이 마땅하지는 않다. 태어난 것에는 필히 죽음이, 죽은 것에는 필히 태어남이 있느니. 피할 수 없는 일에 슬퍼함은 마땅치 아니하다. 바라따의 후손이여, 존재의 시작은 은재하고, 중간은 현재하며, 끝은 다시 은재하거늘 어찌 그에 탄식하리?

누군가는 기적적으로 그것을 보고
누군가는 기적적으로 그것을 말하며
또 다른 누군가는 기적적으로 그것을 듣는다.
그러나 들어도 결코 그것을 아는 자는 없느니.

바라따의 후손이여, 몸에 깃든 그것은 어떤 몸에 있더라도 결코 죽임을 당하지 않는다. 그러하기에 그대는 어떤 존재에 대해서도 슬퍼함이 마땅치 아니하다. 자신의 율법12에 비추어보아도 그대는 흔들릴 까

---

12 자신의 율법_ 카스트에 따른 각 계급에게 주어지는 율법, 즉 '스와다르마'를 옮긴 것이다. 아르주나의 스와다르마는 크샤뜨리야로서 마땅히 지켜야 할 율법, 즉 백성을 지키고 전쟁을

닭이 없다. 정당하게 싸우는 것보다 크샤뜨리야에게 더 영예로운 일은 없느니. 쁘르타의 아들이여, 그것은 어쩌다 열린 하늘의 문으로 가는 길이다. 그런 전쟁을 맞이하는 것은 크샤뜨리야에겐 행운이려니. 만일 그대가 이 정당한 전쟁을 하지 않는다면 자신의 율법과 명예를 버리고 죄를 짓게 되는 것이다. 생명 있는 자들은 그대의 끝 모를 불명예를 말하리라. 우러름 받는 자에게 불명예는 죽음보다 못하려니. 대전사들은 그대가 두려움 때문에 도망쳤다 여길 터이고, 한때 그대를 중히 여겼던 자들은 그대를 가벼이 여길 터이다. 그대가 잘못되길 바라는 자들은 좋지 않은 말을 수없이 해대며 그대의 역량을 비난할 터이니 그보다 더 고통스런 일이 또 어디 있으랴?

죽임을 당한다면 천상에 이를 것이요, 승리한다면 그대는 천하를 누릴 것이다. 꾼띠의 아들이여, 그러니 일어서라. 전쟁을 위해 마음을 굳게 다잡아야 하느니. 행과 불행, 얻음과 잃음, 승리와 패배를 같은 것으로 여기고 그대의 마음을 전쟁에 매두어라. 그리하여 죄를 짓지 않도록 해라.

쁘르타의 아들이여, 이러한 이해는 상키야에 따라 설해진 것이다. 이제 요가13에 따른 이해를 설하리라. 잘 여겨 들어라. 이 이해로 동여

하는 무사로서의 율법이다. 『마하바라따』 1권 말미의 부록을 참조하면 도움이 될 것이다. 13 상키야와 ~_ 여기서 상키야는 '이론'으로, 요가는 '실천'으로 옮겨지기도 한다. 셈, 헤아림이라는 뜻이 있는 상키야는 여기서 헤아리고 분별할 수 있는 이해와 지혜를, 요가는 그러한 이해와 지혜에 근거한 행위를 뜻한다고 할 수 있다.

매진 그대는 행위의 얽매임14을 벗겨낼 것이다. 여기에는 애씀이 헛되지 않고 물러섬이 없어 그것의 매우 적은 다르마로도 큰 위험을 건너느니. 꾸루의 기쁨이여, 여기에15 확고한 이해는 하나이지만 확고하지 않은 이해는 실로 가지가 무수하고 끝이 없다.

쁘르타의 아들이여, 『베다』의 말에 탐착해 '다른 것은 없다'라고 주장하는 우매한 자가 욕망으로 자기를 채우며 천상에 이르는 것을 지고의 목적으로 삼아 꽃피우듯 하는 말16, 행위의 결과로 내생에도 태어나게 하는 말, 안위와 권위에 집착해 안위와 권위를 얻으려는 목적으로 온갖 특별한 의례를 행하게 하는 그런 말에 마음을 빼앗긴 자에게 삼매三昧에 관한 이 확고한 이해는 새겨지지 않느니.17

---

14 행위의 얽매임karmabandha_ '업의 족쇄'라고 옮겨도 무방할 듯하다.

15 여기에_ 상키야에 따른 이해와 요가에 따른 이해이며, 그 이해로 자신을 묶고 무장해 행위의 얽매임으로부터 놓여나게 할 이해를 뜻한다.

16 꽃피우듯 하는 말_ 'puṣpitaṃ vācaṃ'이라는 원문을 가감 없이 옮긴 것으로, 꽃을 피우듯 화사하고 화려한 미사여구를 늘어놓으며 사람을 현혹시켜 결실을 바라고 『베다』의 의례를 부추기는 자들이 하는 말을 뜻한다.

17 『베다』의 말에 ~_ 이 문장은 『베다』, 『브라흐마나』, 『수뜨라』 등에 규정된 의례에 집착해 어떤 결실을 바라며 제를 지내고 또 그것을 부추기는 브라만, 무언가를 얻기 위한 욕망으로kamya 수많은 의식과 제례를 행하는 브라만은 궁극의 목적을 위해 모든 내면의 인식을 비워야 하는 삼매samādhi를 얻을 수 없다고 경계하고 있다. 그러나 결실의 유무와 관계없이, 결실에 대한 바람 없이 지내는 제는 『바가와드 기따』에서도 매우 중요시한다. 3장 '까르마 요가karma yoga'의 '제로써 신들을 공양하고, 공양 받은 신들은 인간이 바라마지 않는 복락을 준다', '신들이 준 것을 즐기기만 할 뿐 그들에게 바치지 않는 자는 도적이다', '삼라만상에 다 깃들어 있는 성스러운 『베다』는 항상 제에 바탕을 두고 있다'는 구절들과 비교해 읽어도 흥미로울 듯하다. 9장 '라자 위드야-라자 구히야 요가rājavidyā-rājaguhya yoga'에서는 끄르슈나 자신을 향해 제를 지내는 것을 높이 사고 있기도 하다.

아르주나여, 『베다』는 세 기질[18]의 활동 영역이다. 세 기질에서 벗어나라. 상반되는 이원[19]의 사고에서 벗어나라. 항상 진리에 머물러라. 얻고 지키는 생각에서 벗어나라. 자기 자신의 주인이 되어라. 꿰뚫어 아는 브라만에게 모든 『베다』는 그저 사방에 물이 넘칠 때 소용되는 우물, 딱 그만큼이다.

그대의 직분은 오직 행위에 있을 뿐 결코 결과에 있지 않느니. 행위의 결과를 동기로 삼지 말 것이며 또한 무행위에 집착하지도 말아야 한다. 다난자야여, 집착을 버린 뒤 요가[20]에 바탕을 두고 행동하여라. 이루고 이루지 못함을 같은 것으로 여겨라. 동등함[21]을 요가라 일컫느니. 다난자야여, 행위는 이해의 요가보다 더 열등한 것이니 이해에서 귀의처를 찾아라. 결과를 동기로 삼는 자는 가엾구나. 이해로 동여매진 자는 이 세상에서 선한 행위와 불선한 행위[22] 둘 모두를 버리느니. 그러니 요가에 자신을 동여매라. 요가는 행위에서의 이로운 솜씨이다. 이해로 동여매진 영리한 자는 행위에서 비롯되는 결과를 버리고 태어남의 사슬에

---

18 세 기질tri guṇa_ 물질세계 또는 본원적·본연적 동력이자 타고난 것 또는 본성인 쁘라끄르띠prakṛti를 구성하는 세 가지 성질로, 밝음 또는 선함의 성질인 사뜨와sattva, 활동 또는 역동의 성질인 라자스rajas 그리고 어둠 또는 암흑의 성질인 따마스tamas를 말한다.
19 상반되는 이원dvandva_ 대립적 쌍으로 행과 불행. 기쁨과 슬픔 따위의 상반되는 두 개념을 뜻한다.
20 집착을 ~_ 여기서 말하는 요가는 앞서 언급된 『베다』의 말과 의례에 탐착하지 않으며, 결과에 연연하지 않고 이해와 지혜로 이루어진 초일한 행위를 뜻한다.
21 동등함samatvam_ 치우침 없이 공평하고 평등하게 보는 시각 또는 그런 마음이다.
22 선한 행위sukṛta**와 불선한 행위**duṣkṛta_ 잘한 일과 못한 일 또는 잘된 일과 못된 일 등으로 옮겨도 무방하다.

서 벗어나 무결한 경지에 이르느니. 그대의 이해가 미혹의 먼지더미를 걷어내면 들은 것과 듣게 될 것[23]에 대해 무심해지리라. 『베다』[24]로 인해 혼망된 그대의 이해가 삼매에 단단히 서서 흔들림이 없으면 요가를 이룰지니.'

아르주나가 말했다.

'께샤와여, 삼매에 머물러 지혜가 단단한 자를 일컫는 말은 무엇입니까? 생각이 단단한 자는 어떻게 말하며, 어떻게 앉고, 어떻게 걷습니까?'

성스러운 이가 말했다.

'쁘르타의 아들이여, 마음속에 들어오는 모든 욕망을 버리고 오로지 자아로 자아를 만족할 때 그를 일컬어 지혜가 단단한 자라고 부른다. 고통에 마음이 망가지지 않고 기쁨에 들떠 치닫지 않으며 애착과 두려움과 성냄에서 벗어난 자를 일컬어 생각이 단단한 수행자[25]라고 한다. 상서롭거나 아니 상서로운 것을 만났을 때 한쪽으로 마음이 기울지 않으며 기뻐 반기거나 싫어 꺼려하지 않는 자, 그의 지혜는 단단히 서 있느니. 거북이가 사지를 움츠려 넣듯 감각대상으로부터 감각기관을 온전

---

23 들은 것과 ~ _ 『베다』에서 들은 것śrotavya과 앞으로 『베다』에서 들을 것śruta을 뜻한다.
24 『베다』_ 『베다』를 칭하는 이름에는 『베다』 이외에도 선인들이 하늘의 말을 '들은 것'을 뜻하는 '쉬루띠가 있다.
25 수행자_ 여기서는 무니muni를 이렇게 옮겼으며, 흔히 르쉬ṛṣi와 거의 흡사한 뜻으로 쓰이나 무니는 붓다를 지칭하는 석가모니 같은 수행-성자에, 르쉬는 좀 더 사회적이고 자유분방한 선인-성자에 가깝다고 할 수 있다.

히 거두어들인 자의 지혜는 단단하다. 몸에 깃든 자가 음식을 취하지 않을 때26 감각대상은 사라지느니. 맛은 남아 있으되 그가 지고의 것을 본 뒤에는 맛 또한 사라진다. 꾼띠의 아들이여, 요동치는 감각은 통찰력 있는 사람27이 아무리 애를 써도 마음을 억지로 앗아가느니.

모든 감각을 다잡은 뒤 나를 지고의 곳에 두고 반듯이 앉아야 한다. 감각이 다스려질 때 그의 지혜는 단단하느니. 감각대상을 생각하다보면 사람에게는 집착이 일고, 집착으로부터 욕망이 생기며, 욕망으로부터 분노가 자란다. 분노로부터 미혹이 오는 것이며, 미혹으로부터 기억이 길을 잃는다. 길을 잃은 기억으로부터 이해가 망가지고, 망가진 이해로부터 파멸이 온다. 애착과 미움에 매이지 않고 자아가 다스린 감각들로 감각대상들 사이를 다니는 자, 그렇게 자아가 절제된 자가 고요함을 얻느니. 고요할 때 모든 고통은 사멸되고 마음이 고요한 자에게 이내 이해가 바로 서기 때문이다. 가지런하지 않은 자에게 이해가 없고 가지런하지 않은 자에게 사량思量28이 없다. 사량 없는 자에게 평온이 없고 평온

---

26 음식을 ~_ nirāhārasya(nir+āhārasya)와 몸에 깃든 자dehinaḥ를 여기서 이중 절대 소유격인 '~ 할 때'로 옮겼다.

27 통찰력 ~_ '마음cita을 꿰뚫어 보는vipaśa 사람'이라는 뜻을 지닌 '위빠스찌따vipaścita'를 이렇게 옮겼다.

28 사량思量_ '바와나bhāvana'를 사량으로 옮겼다. '생각해 헤아린다'라는 뜻의 思量이 아니라 '생각을(또는 생각해) 키운다'라는 뜻으로서의 思養이다. 이렇게 옮긴 까닭은 바와나라는 단어에 '키운다', '배양한다'라는 뜻이 농축되어 있기 때문이다. 바와나의 영문 번역은 '명상meditation', '생각thought', '사색contemplation', '키움augumentation' 등 여러 가지이며, 길희성은 이를 '수정修定', 함석헌은 '영감', 바우테넌은 '뭔가를 불러올 수 있는 힘power to bring things about', 처니악A. Cherniak은 '염력powers of contemplation', 라다크리슈난

없는 자에게 어찌 행복이 있으랴? 방황하는 감각에 끌려 다니는 마음은 바람이 물 위의 배를 쓸어가듯 사람의 지혜를 앗아가기 때문이다. 팔심 좋은 이여, 그러기에 감각대상으로부터 감각기관을 완전히 움츠려 넣은 자, 그런 자의 지혜는 단단한 것이다. 자신을 다잡은 자는 삼라만상의 밤에 깨어 있고, 중생들이 깨어있을 때가 직시하는 수행자에게는 밤일 지니.

차 있어도 바닥이 흔들리지 않는
바다로 물이 흘러들어가듯
모든 욕망이 그렇게 흘러드는 자, 평온 얻으리.
그러나 욕망을 탐하는 자 그러지 못하리니.

여타의 욕망을 모두 버리고 갈망 없이, 내 것 없이, 내가 행위자라는 생각 없이 오가는 사람은 평온을 얻으리니. 쁘르타의 아들이여, 그것이 브라흐만에 머무는 것이며, 이를 얻으면 미혹에 이르지 않느니. 삶의 마지막 순간에도 거기 머물면 브라흐만 열반[29]에 이르리라.'

은 '집중력power of concentration'으로 옮겼다.

29 브라흐만 열반nirvāṇa_ 여기서 쓰인 열반과 모든 세속적 욕망을 버리고 출가해 얻는 불교적 열반을 대비해 생각해보면 좋을 듯하다.

3

까르마 요가[*]

भगवद् गीता

* karma yoga_ '행위의 요가'

† † †

아르주나가 말했다.

'머리카락 아름다운 끄르슈나여, 이해가 행위에 우선한 것이라 여기신다면 어찌하여 당신은 저더러 끔찍한 행위를 하게 하시나요? 혼재하여 모호한 말씀으로 당신은 제 이해를 혼란스럽게 하십니다. 제가 최상의 것을 얻을 수 있는 하나를 결정지어 말씀해주십시오.'

성스러운 이가 말했다.

'무구한 이여, 예전에 나는, 삶을 운용하는 데서¹ 이 세상에는 두 가지 방법이 있다고 말했느니. 헤아림이 있는 자들을 위한² 앎의 요가³,

---

1 삶의 운용_ '니슈타niṣṭha'를 옮긴 것이며 '헌신', '적용', '활용' 등의 여러 가지 뜻으로 쓰인다.
2 헤아림이 ~_ 'sāṃkhyānām'을 옮긴 것이다.
3 앎의 요가_ 'jñāna yoga'를 옮긴 것이다.

그리고 실천이 있는 자들을 위한4 행위의 요가5가 그것들이다.

사람이 단지 행위를 취하지 않는다고 하여 무위6를 얻지 않으며, 또한 그저 행위를 놓아버린다고 하여 완성에 이르지도 않는다. 사람은 단 한순간도 아무 행위도 하지 않고 지낼 수는 없느니. 본연적 기질7로 인해 모두가 행위해야만 하게 만들어져 있기 때문이다. 행위의 기관들을 다잡았으되 마음으로는 여전히 감각대상을 기억하고 있는 자, 그를 일컬어 자신을 속이는 거짓 행위자라고 하느니. 아르주나여, 그러나 마음으로 감각을 다스리고 행위의 기관들로는 행위의 요가를 집착 없이 행하는 자, 그런 자는 매우 특별하다. 주어진 일을 행하여라. 행함은 아니 행함에 우선하느니. 아니 행하고서는 육신을 부지하는 일조차 가능치 않다.

이 세상은 제祭를 위한 행위 말고는 모두 행위에 매여 있다.8 꾼띠의

---

4 실천이 있는 ~_ 요긴yogin의 소유격인 'yoginām'을 옮긴 것이다.

5 행위의 요가_ 이 장의 주제인 '까르마 요가'를 옮긴 것이다.

6 무위_ 'naiṣkarmya'을 이렇게 옮겼다. 앞서 말한 '무행위akarma'와는 다른 의미인 '행위에서 벗어난' 또는 행위로부터 자유로운 '행위 없음'의 상태를 뜻한다.

7 본연적 기질_ '쁘라끄르띠 구나prakṛti guṇa'를 옮긴 것이다. prakṛti는 흔히 '물질'로, guṇa는 '요소'로 번역되기도 한다.

8 제를 위한 ~_ 앞 장 '상키야 요가'에서 지적한 자신의 안위와 권위를 얻으려는 욕망이나 『베다』에의 탐착으로 의례를 행하는 것이 아니라 신을 향한 사랑과 순수한 헌신의 행위로서의 제 혹은 의례를 뜻하며, 그래야만 비로소 복락을 얻을 수 있다는 것이다. 4장 '즈냐나 까르마 산야사 요가'에서는 '사람들은 이 세상에서 행위가 성취되기를 바라며 신들에게 제를 올린다. 행위에서 비롯된 성취는 인간세상에서 빠르게 나타나기 때문이다'라고 말하기도 한다. 행위와 제사, 행위자의 바람과 순수함의 문제를 다루는 각 장의 성격을 비교해보면 흥미로울 듯하다.

아들이여, 집착을 벗고 제를 위한 행위를 하여라. 쁘라자빠띠9는 예전에 제와 함께 생명들10을 만든 뒤, '이것11과 함께 퍼져나가거라. 이것이 그대들의 염원을 들어주는 소12가 되리라'라고 말했느니.

이것으로 신들을 공양하여라. 신들은 그대들을 키우리니 서로가 서로를 받들어 공양하며 지고의 선에 이를지라. 제로써 공양 받은 신들은 그대들이 바라마지 않는 복락을 줄 것이기 때문이다. 신들이 준 것을 즐기기만 할 뿐 그들에게 바치지 않는 자는 도적이려니. 제 지내고 남은 음식을 먹는 선한 자는 모든 괴로움에서 벗어나지만 자신을 위해 음식을 만드는 악한 자는 죄악을 먹는 것이다. 생명 있는 것들은 음식을 통해 존재하고, 음식은 비로 인해 자라며, 제로 인해 비가 있게 되고, 제는 행위로부터 생기느니. 행위는 성스러운 『베다』13에서 생겨났고, 성스러

---

9 **쁘라자빠띠**_ 주로 희생제가 가장 중시되던 브라흐마나 시대에 생명praja의 주인pati으로 찬미되던 신이지만 초기 『베다』에서는 신이 아닌 '세상을 떠받치는' 신들의 별칭으로 쓰이다가 후대에 성립된 것으로 보이는 『리그베다』의 10장에 이르러서야 자손을 주고, 생명을 만든 신으로 서너 번 언급된다.

10 **생명들**_ '쁘라자praja'를 옮긴 것이다. 흔히 '피조물'로 번역되나 피조물이라는 단어가 지닌 수동성보다 피조물이 지닌 생명의 능동성을 더 강조하고자 이렇게 옮겼다.

11 **이것**_ (희생)제를 뜻한다.

12 **염원을 ~**_ '까마두가kāmadugha(또는 kāmadughā[여성명사])'를 옮긴 것으로, 남성명사와 여성명사 모두 가능하다. 여성명사 kāmadughā는 kāmadhenu와 동의어이기도 하다. 까마두흐kāmaduḥ(일반적으로 남성주격형 까마두끄kāmaduk)가 쓰이기도 한다.

13 **성스러운 『베다』**_ '브라흐만Brahman'을 옮긴 것으로. 중성명사로 쓰이는 브라흐만은 '경전' 또는 '베다'라는 뜻 외에도 우주를 아우르는 혼이나 정신, 비인격의 지고한 존재를 가리키기도 한다. 브라흐만의 남성주격명사인 Brahmā는 창조주 브라흐마를 뜻하며, 흔히 브라만이라고 칭해지는 사제계급은 브라흐마나Brahmaṇa이다.

운 『베다』는 음절 '옴'14으로부터 온 것임을 알아라. 그러므로 삼라만상에 다 깃들어 있는 성스러운 『베다』는 항상 제에 바탕을 두고 있음이다.

쁘르타의 아들이여, 이렇게 굴려져온 바퀴를 이 세상에서 따라 굴리지 않는 자는 감각에 빠져 더러움에 물든 채 헛되이 사는 것이다. 그러나 오로지 자아에 기뻐하고 자아에 흡족해하는 사람, 오로지 자기 자신에만 온전히 만족해하는 사람, 그런 사람에게는 해야 할 일이 남아 있지 않다. 이 세상에 행해진 어떤 것도, 행해지지 않은 그 무엇도 그의 관심사가 아니며, 삼라만상 어떤 것에도 그의 관심사가 머물러 있지도 않느니. 그러니 항상 집착 없이 해야 할 일을 하라. 집착 없이 제 일을 하는 사람은 지고의 것을 얻기 때문이다. 자나까15를 위시한 자들은 오직 행위로 뜻한 바를 이루었기에 세상사 또한 그러함을 잘 살펴어 행함이 마땅하리라.

어떤 행위를 하건 뛰어난 자가 하면 사람들은 그것을 따라하고, 세상은 그가 기치로 삼은 행위를 따르느니. 쁘르타의 아들이여, 내게는 이 삼계에 해야 할 것이 아무것도 남아 있지 않고, 얻어야 하나 얻지 못한 그 무엇도 없다. 그럼에도 나는 행위를 하느니. 쁘르타의 아들이여, 만일 내가 부단히 행위 하지 않는다면 사람들은 천지사방에서 내 하는 대

---

14 옴_ 여기서 '옴'으로 옮긴 단어는 '악샤라akṣara'이다. '악샤라'는 문자적으로 '멸함 없는', '불멸의 것'이라는 뜻이나 『베다』에서 뜻하는 악샤라는 모든 것이 한 음절에 함축된 '옴'이기에 이렇게 옮겼다.

15 자나까_ 옛 북인도의 왕국 위데하의 전설적 왕으로 『라마야나』의 여주인공이며 라마의 아내인 시따의 아버지이기도 하다.

로 따라 할 터이고, 만일 내가 해야 할 행위를 하지 않는다면 세상은 무너지리니, 나는 계급이 섞이는 것[16]을 초래한 장본인이 되어 생명들을 파멸로 이끌고 말 것이다.

바라따의 후손이여, 집착을 가진 무지한 자들과 마찬가지로 배움 많은 자들 또한 행위를 해야 한다. 그러나 그것은 세상을 이롭게 하려는 집착 없는 행위여야만 하느니. 배움 많은 자는 행위에 집착하는 분별없는 자들의 이해를 파괴하는 짓을 초래해서는 안 되며, 그들이 모든 행위를 적절히 다잡아 행하게 해야 한다.

행위는 온전히 본연적 기질에 의해 행해지는 것임에도 내가 행위자[17]라는 미혹된 자아를 가진 자는 '내가 했다'라고 생각하느니. 팔심 좋은 이여, 그러나 기질과 행위의 몫을 본질적으로 아는 자는, 기질은 기질에 작용함을 알아 집착하지 않는다. 본연적 기질에 미혹된 자는 기질에 의한 행위에 집착한다. 일체를 아는 자는 일체를 알지 못하는 자들

---

16 계급이 ~ _ 'saṃkara'를 옮긴 것으로, 이 상까라는 『마하바라따』와 『기따』에서 시종일관 주장하는 것, 즉 각자의 계급이 지켜내야 할 율법인 스와다르마에 관한 문제이다. '뒤섞임'이라는 뜻을 지닌 saṃkara는 서로 다른 계급끼리 혼인하는 것을 뜻하며, 전통적으로 세상이 혼탁해지고 파멸에 이르는 가장 나쁜 일로 본다. 계급의 혼탁이 세상의 혼탁이라고 보는 『바가와드 기따』의 이 논리를 『성경』 등의 경전 윤리에 빗대 단지 '혼란을 야기하는 자' 또는 '세상의 혼란'이나 '혼탁한 세상'으로 번역한다면 기존 번역의 오류를 답습하게 되는 것뿐만 아니라 『바가와드 기따』 자체를 오역하는 것이므로 본 번역은 원뜻을 가감 없이 전한다. 스와다르마 문제는 『바가와드 기따』 안에서도 다양하게 읽히고, 읽는 이의 시각에 따라 여러 가지로 해석될 수 있는 여지가 많을 것이다.
17 내가 행위자 _ 아항까라ahaṅkāra를 여기서 문자적으로 옮긴 것이다. aham은 '나'를, kāra는 '만든 자, 행위자'를 뜻하며, 아항까라는 복합적으로 '아만我慢', '이기심' 등이라는 뜻으로 쓰이는 경우가 많다.

을 흔들어서는 안 된다.

모든 행위는 내게 내려놓고 지고의 자아에 의식意識을 모아, 사심 없고 내 것이라는 마음 없이 안타까움을 버리고 싸워라. 마음을 언제나 내게 두고 믿음을 갖고 시샘 없이 한결같은 마음으로 나를 따르는 사람들, 그들 또한 행위에서 자유로우리라. 그러나 시샘으로 가득 차 나의 이런 생각을 따르지 않는 사람들은 앎이 모두 뒤섞이고 의식이 망가짐을 알아야 하느니. 앎이 있는 자라 할지라도 제 본연의 기질에 따라 행동한다. 존재들은 본연적 기질을 따라가는 법이다. 어찌 그것을 잡으랴? 애착과 미움은 각각의 감각대상에 도사리고 있느니, 사람의 길을 가로막는 이 둘의 아귀에 떨어져서는 안 된다. 공덕이 부족한 제 율법[18]이 제대로 갖춘 타인의 율법보다 낫느니. 제 율법을 지키다 죽는 것은 명예롭다. 타인의 율법은 두려움을 불러들이느니.'

아르주나가 말했다.

'우르슈니의 후손이시여, 사람은 대체 무엇에 매여 원치 않음에도 불구하고 마치 힘에 이끌리듯 죄를 짓습니까?'

성스러운 이가 말했다.

'그것은 욕망이며, 그것은 분노이니, 활동의 기질[19]에서 생겨난 것이다. 대재앙을 부르고 크나큰 죄를 짓게 하는 그것은 이 세상의 적임을

---

18 제 율법_ 각자가 또는 각 계급이 반드시 지켜야 할 계급의 율법 또는 도리인 스와다르마를 뜻한다.
19 활동의 기질_ 'rajas guṇa'를 옮긴 것이다.

알아야 하느니. 불이 연기에 가려 있듯, 거울이 먼지에 씌어 있듯, 태아가 탯집[20]에 싸여 있듯 세상은 그것에 덮여 있다. 꾼띠의 아들이여, 욕망의 모습을 가졌으며, 배를 채우기 어려운 불과 같은 그것, 배움 많은 자의 영원한 적인 그것은 앎을 가린다. 감각기관과 마음과 이성이 그것의 자리라고 일컫느니. 그것들을 수단으로 그것은 앎을 가리고 몸에 깃든 자를 미혹한다. 바라따의 황소여, 그러하니 그대는 애초에 감각기관을 다스려야 한다. 지와 분별지[21]를 망가뜨리는 고약한 그것을 버려야 하느니. 감각기관은 탁월한 것이요, 마음은 감각기관에 우선한 것이며, 이성은 마음보다 앞서는 것이라고 한다. 그러나 이성보다 뛰어난 최상의 것은 그[22]이다. 이처럼 이성보다 뛰어난 그를 알아 자아를 자아로써 다잡아라. 팔심 좋은 이여, 욕망의 형상을 취하고 있는 물리치기 어려운 적을 물리쳐라.'

20 탯집ulba_ 흔히 '막' 또는 '태반'이라고 옮기는데, 태아를 감싼 막을 뜻한다.
21 지jñāna와 분별지vijñāna_ 앎과 꿰뚫어 아는 앎 또는 분별지어 아는 앎을 말한다. jñāna 는 앞에서 앎으로 옮겼으나 vijñāna와 연결 지어 설명될 때는 언어의 통일성을 위해 지知로 옮겼다.
22 그_ 자아를 가리킨다.

4

즈냐나 까르마 산야사 요가[*]

भगवद् गीता

† † †

성스러운 이가 말했다.

'멸함 없는 이 요가를 나는 위와스와뜨[1]에게 설했고, 위와스와뜨는 마누[2]에게, 마누는 또 익슈와꾸[3]에게 전했다. 적을 태우는 이여, 그런 식으로 선인 왕들은 대대손손 전해져온 이 요가를 알아왔거늘 오래고 오랜 시간이 흘러 이것이 세상에서 사라졌구나. 그대는 내게 마음을 바치는 벗이라 여기기에 오늘 나는 바로 이 오래된 요가를 설하느니. 이것은 실로 은밀하고도 위없는 것이다.'

1 **위와스와뜨**_ 태양 또는 태양신이며, 흔히 수르야로 불린다.
2 **마누**_ 태양신의 아들 와이와스와따라고 불리며 인간(마나와manava, 즉 마누의 후손)들의 어버이이다.
3 **익슈와꾸**_ 와이와스와따 마누의 첫째아들이며, 북인도의 아요드야를 다스린 태양족의 첫 번째 왕이다. 익슈ikṣu는 사탕수수이며 익슈와꾸는 사탕수수가 많은 자, 더 나아가 사탕수수처럼 부드럽고 소망을 들어주는 사람이라는 뜻이다. 『라마야나』의 주인공 라마도 익슈와꾸의 후손이다. 끄르슈나 자신은 태음족인 야두의 후손으로 세상에 현현했다.

아르주나가 말했다.

'당신의 태어남은 그리 오래지 않고 위와스와뜨의 태어남은 오래되었습니다. 당신께서 '내가 그에게 설했고'라고 하는 말은 어떻게 이해해야 합니까?'

성스러운 이가 말했다.

'적을 태우는 아르주나여, 나의 생도 그대의 생도 수없이 지나갔느니. 나는 그 모든 생을 알고 그대는 알지 못한다. 나는 태어남 없고 변함 없는 존재임에도, 또한 만생명의 주인임에도 내 자신의 본연의 성질4에 바탕을 두고 마야5로 이 세상에 왔느니. 바라따의 후손이여, 정법이 가라앉고 비법6이 솟아오를 때마다 나는 내 자신을 세상에 나타낸다. 선한 자를 지키고 악한 자를 멸하기 위해, 그리고 정법을 바로 세우기 위해 나는 유가7마다 몸을 나투느니.

---

4 **본연의 성질_** 9장 '라자 위드야-라자 구히야 요가'에서 말하는 끄르슈나의 낮은 본성인 쁘라끄르띠prakṛti를 뜻한다.

5 **마야māya_** 마법 또는 신묘한 힘이나 환영 등을 뜻한다.

6 **정법 ~_** 정법은 '다르마dharma'를, 비법은 '아다르마adharma'를 옮긴 것이다.

7 **유가_** 유가는 힌두의 개념에서 생과 멸을 거치는 세상의 나이라고 할 수 있다. 이 나이 또는 시대는 넷으로 나뉘어 순환한다. 선함만이 존재하는 신들의 시대인 '사띠야 유가satya yuga', 선함이 주를 이루나 악이 들어서기 시작해 다르마의 다리가 하나 빠진 상태로 세상이 유지되는 '뜨레따 유가treta yuga', 선과 악이 반반이며 다르마의 다리 둘로 유지되는 '드와빠라 유가dvapara yuga', 그리고 악이 가득하며 다르마의 다리 하나로 세상이 지탱되는 말세인 '깔리 유가kali yuga'가 그것이다. 네 유가가 일흔한 번 지나가면 만완따라manvantara라고 불리는 마누의 한 시대가 끝나고, 다음 번 마누 시대가 시작된다. 마누는 이런 식으로 열네 명이 존재하며, 현재는 일곱 번째 마누인 와이와스와따 마누 시대이다.

아르주나여, 신성한 나의 태어남과 행위를 여실히 아는 자는 몸을 버린 뒤 다시 태어나지 않는다. 그는 내게로 오느니. 내게 귀의해 탐착과 두려움과 분노에서 벗어난 자들, 앎과 고행으로 자신을 맑힌 많은 자들은 나와 같은 경지에 이르렀다. 쁘르타의 아들이여, 사람들이 나를 숭앙하면 나는 그 방식 그대로 그들을 존중하고, 사람들은 어떻게든 내 길을 따르느니. 사람들은 이 세상에서 행위가 성취되기를 바라며 신들에게 제를 올린다. 행위에서 비롯된 성취는 인간세상에서 빠르게 나타나기 때문이다. 기질과 행위로 구분 지어진 4계급[8]은 나로 인해 생겨났느니. 비록 내가 그것의 행위자[9]이기는 하나 나는 만고불변의 무행위자임을 알아라. 행위는 내게 스며들지 못하느니, 내가 행위의 결실을 갈구하지 않기 때문이다. 이렇게 나를 아는 사람은 행위에 얽매이지 않는다. 그러함을 알아차린 뒤, 해탈을 구한 옛 사람들도 행위를 했느니. 그러기에 그대도 오래고 오래 전의 옛 사람들이 한 대로 행위를 하여라.

무엇이 행위이고 무엇이 무행위인가? 현인들도 그런 것에 미혹되느니. 그러기에 나는 행위가 무엇인지 설파하고자 한다. 이를 안 뒤에는

---

8 기질과 행위로 ~_ 카스트제도가 애초에 태생이 아니라 각자가 지닌 기질과 행위에서 비롯되었음을 말한다. 피부색varna에 의해 구분 지어진 『베다』시대, 기질guṇa과 행위(까르마karma)에 의해서라고 말하는 『바가와드 기따』, 그리고 그 이후(사실은 『바가와드 기따』시대에도)부터 현재까지 태생jati에 의해 구분 지어진 인도의 카스트제도는 당시의 의도 여하와는 무관하게 지금까지도 대대로 세습되는 족쇄 같은 역할을 한다.

9 행위자_ 'kartṛ'를 옮긴 것으로 문자적 의미는 '만든 사람', 즉 행위자가 맞지만 대개는 창조자나 조물주 또는 창조자 브라흐마의 별칭으로 쓰인다. 뒤따르는 문장의 무행위자akartṛ와 대비되는 뜻으로 이렇게 옮겼다.

상서롭지 않은 것에서 놓여나리라. 행위를 알아야 하고, 비행위[10]도 알아야 하며, 무행위가 무엇인지도 알아야 하느니. 행위의 이치는 오묘한 것이다. 행위에서 무행위를 보는 자, 무행위에서 행위를 보는 자는 사람들 중에 이해를 지닌 자이다. 그는 모든 행위를 다잡는다. 시도하는 모든 일에 욕망과 의도를 내버린 자, 앎의 불로 행위를 태워버린 자, 현자들은 그를 일컬어 두루 아는 자라고 한다. 행위의 결과에 대한 집착을 버리고 항상 자족하며 어디에도 기대지 않는 자는 행위를 하나 결코 어떤 것도 하지 않는 것이다. 의식과 자아를 다잡고 바라는 것 없이, 쥐고 있는 모든 것을 내려놓고 오로지 몸으로만 행위 하는 자는 더러움에 물들지 않느니.

가진 만큼 만족하고 상반의 사고를 넘어선 자, 시샘을 벗어던지고 이룸과 아니 이룸에 평정심을 지닌 자, 그는 비록 무엇을 행해도 그에 매이지 않는다. 집착이 사라져 자유로운 자, 앎에 굳건한 의식을 가진 자가 제를 지내기 위해 하는 행위는 온전히 녹아 사라지느니. 제물을 바치는 것은 브라흐만이요, 브라흐만에 의해 브라흐만의 불에 바쳐진 제물도 브라흐만이다. 브라흐만의 행위[11]에 마음을 모으는 자는 기어이 브라흐만에 이르리라. 어떤 요긴[12]은 오로지 신들에게만 제를 올리고,

---

10 비행위_ 'vikarma'를 옮긴 것으로 행위karma를 벗어난(vi-), 그리하여 '그릇된 행위'를 뜻한다. 행위는 karma, 무행위는 a-karma, 무위는 naiṣ-karma, 비행위는 vi-karma, 그리고 행위 않음은 na-karma임을 알아두면 읽기 편할 듯하다.
11 브라흐만의 행위_ 제(사)를 뜻한다.
12 어떤 요긴_ 여기서는 '까르마 요가', 즉 행위의 요가를 하는 자를 요긴으로 칭하고 있다.

또 다른 요긴은 오로지 제로써만 브라흐만이라는 불[13]에 제를 올린다.[14] 또 혹자는 듣는 것을 비롯한 감각기관을 절제의 불에 제를 올리며[15], 혹자는 소리 등의 감각대상을 감각기관의 불에 제를 올린다.[16] 혹자는 모든 감각의 행위와 숨의 행위[17]를 앎으로 켜진 자제라는 요가의 불에 바

13 브라흐만이라는 불_ 불은 (희생)제를 업으로 삼는 브라만계급에 필수적인 것이나 여기서의 브라흐만은 계급으로서의 브라만(혹은 브라흐마나)이 아니라 중성명사로서의 브라흐만, 즉『베다』혹은 비인격의 지고한 존재로서의 브라흐만이다. '브라흐만이라는 불'로 옮긴 단어는 'brahāgnāu'로 '브라흐마의 불'로도 해석이 가능하다.

14 어떤 요긴은 ~_ 이 구절에 대해서는 매우 다양한 해석이 존재한다. 첫 번째 구절의 요긴은 '의식과 의례를 중시해 신들에게 제 지내는 것을 업으로 삼는' 자들이며, 여기서의 신들은 대체로 인드라 등의『베다』신들을 일컫는다. 두 번째 구절의 또 다른 요긴은 '불은 늘 곁에 두고 있되 의식과 의례에 매이지 않고 오로지 (희생)제'라는 명목으로만 순수하게 제를 올리는 자들이다. 샹까라는 여기서의 희생제(야즈냐yajñām)를 지고의 브라흐만과 다르지 않은 아뜨만ātman(자아)으로 보고 '어떤 이는 오로지 자아로써만 자아를 브라흐만의 불에 바친다'라고 해석하며, 브라흐만의 불에 자아를 바치는 것은 한정적 자아가 무한한 지고의 브라흐만과 합일하는 자아에 대한 깨우침과 다르지 않다고 했다. 그에 반해 라마누자는 '어떤 자들은 브라흐마의 불에 오로지 공물을 써서 제를 올린다'라고 해석하며, 여기서의 희생제(야즈냐yajñām)는 희생제를 지내는데 필요한 공물이나 제를 지내는 국자 등의 물품을 뜻한다고 한다. 라다크리슈난, 에저튼 등은 '오직 희생제로써 희생제를 바친다'라고 옮겼다.

15 또 혹자는 ~_ 감각기관은 감각을 일으키는 다섯 기관pañca indriya인 안이비설신眼耳鼻舌身, 즉 눈, 귀, 코, 혀, 몸이라는 감각의 뿌리인 오관伍官 또는 오근伍根을, 감각대상은 욕망을 일으키는 다섯 가지 감각대상pañca visaya인 색성향미촉色聲香味觸, 즉 빛, 소리, 냄새, 맛, 느낌인 오경伍境을 뜻한다. 여기서는 요긴이 절제라는 상징적 불에 제를 올려 감각기관이 감각대상에 현혹되지 않도록 한다는 뜻이다. 샹까라는 절제 자체가 (희생제의) 불과 같은 것이라고 여겨, 그것을 상징하는 불에 공물을 바치며 감관을 절제하는 수행을 한다고 설명했다.

16 감각대상을 ~_ 샹까라는 여기서 감각기관 자체가 불이며, 감각기관이라는 불에 감각대상인 듣는 것 등의 제물을 바친다고 했다. 감각기관과 감각대상이 접촉하되 접촉에 집착하지 않는다는 뜻으로 보인다.

17 숨의 행위_ 'prāṇa karma'를 옮긴 것이다. 쁘라나는 '숨'이나 '호흡' 이외에도 '생명', '생명력', '생명의 동력' 등의 뜻을 지닌다.

치느니. 재물을 바쳐 제를 올리거나 고행 형태로 제를 올리고 또는 요가로 제를 올리며, 혹독한 서약을 지키며 수행하는 자들은 『베다』의 지식과 앎을 제로 올린다. 혹자는 들숨을 날숨[18]에 바치고, 또 혹자는 날숨을 들숨에 바친다. 들숨과 날숨의 결을 틀어막고 숨의 조절에 몰두하는 것을 더 없는 목표로 삼는 자들도 있느니. 혹자는 음식을 절제해 숨을 숨에 바친다[19]. 이들, 그리고 제 지내고 남은 아므르따[20] 같은 음식을 먹는 모든 이들이 영원한 브라흐만을 향해 가느니. 훌륭한 꾸루의 후손이여, 이세상은 제를 지내지 않는 자의 것이 아니다. 저세상은 말해 무엇 하겠는가? 이와 같이 브라흐만의 낮에는 여러 갈래의 제가 펼쳐져 있느니. 그것들이 모두 행위로부터 나왔음을 알라. 그렇게 알고 난 뒤 그대는 자유로워지리라.

쁘르타의 아들이여, 앎으로 지내는 제는 물질로 지내는 제보다 우월하다. 적을 태우는 이여, 모든 행위는 예외 없이 앎에서 완전해지느니. 몸을 굽혀 묻고 또 물음으로써, 그리고 섬김으로써 이를 알라. 진리를 보는 자들이 그대에게 앎을 보여주리니. 빤두의 아들이여, 이를 안 뒤에는 또 다시 미혹의 길로 가는 일은 없으리. 이것으로 그대는 자아 안에서, 또 내 안에서 존재들을 남김없이 보게 되리라. 그대가 혹여 죄악을

---

18 들숨과 날숨_ 'prāṇa와 apāna'를 옮긴 것이며, 여기서 prāṇa는 통칭 '숨'이 아니라 '내쉬는 숨apāna'에 반하는 '들이쉬는 숨'을 뜻한다.

19 숨을 숨에 바친다prāṇa to prāṇa_ 이는 생명력vital force을 생명prāṇa을 유지하는 데만 쓴다는 뜻이다. 다시 말해 숨 쉬는 것조차 숨을 쉬어 생명을 유지하게만 한다는 뜻이다.

20 아므르따amṛta_ 불로불사를 가져다주는 신들의 음료 또는 음식이다.

저지른 모든 자 중 가장 나쁜 죄인이라고 해도 이 앎의 배로 모든 흠결을 건너리니. 아르주나여, 지펴진 불이 연료를 모두 재로 만들듯 앎의 불은 모든 행위를 재로 만든다. 맑히는 그릇으로 앎만한 것은 이 세상에 없기 때문이니, 요가를 이룬 자는 때가 되면 자신 안에서 그것을 찾게 된다. 거기에 마음을 쏟고 감각기관을 다스리는 신념 있는 자는 앎을 이룬 뒤 이내 지고의 평온을 얻으리. 앎이 없는 자, 신념 없는 자, 자아를 의심하는 자는 패망하느니. 자아를 의심하는 자에게는 이 세상도 저세상도 행복도 없다.

아르주나여, 요가로 행위를 내려놓는 자, 앎으로 의심을 잘라낸 자, 자아에 단단한 자는 행위가 얽어매지 못한다. 그러니 바라따의 후손이여, 무지에서 생긴 마음속 의심을 앎의 칼로 잘라내어라. 요가에 기대 우뚝 서라.'

5

까르마 산야사 요가[*]

भगवद् गीता

* karma-saṃnyāsa yoga_ '행위를 놓는 요가' 또는 '놓음의 요가saṃnyāsa yoga'.

† † †

아르주나가 말했다.

'끄르슈나여, 당신은 행위의 놓음을, 그러면서 다시 요가를 칭송하십니다.[1] 이 둘 중 어떤 것이 더 나은지 분명히 말씀해주십시오.'

성스러운 이가 말했다.

'놓음과 행위의 요가 둘 다 위없는 경지에 이르게 한다. 그러나 둘 중에서 행위의 놓음보다는 행위의 요가가 더 낫구나.[2] 뭔가를 싫어하지도 않고 애타게 바라지도 않는 사람이 항상 놓을 줄 아는 사람이라고

---

1 행위의 놓음_ 'saṃnyāsam karmaṇām'을 옮긴 것으로, 그침 혹은 중지를 뜻하는 요가수뜨라의 니로다nirodha와 비교해봐도 좋을 것이다.
2 행위의 놓음 ~_ '행위의 놓음'은 앞 장에서 말한 '앎으로 동여매진 행위'를 놓는 것이 아니라 행위 자체를 놓는 것을 뜻하며, 요가는 '행위의 요가'를 뜻한다.

알아야 하느니. 팔심 좋은 이여, 상반되는 이원의 사고를 벗어던진 사람은 얽매임에서 쉬이 벗어날 수 있기 때문이다. 어리석은 자들은 헤아림과 행3이 따로따로라고 말하지만 두루 아는 자들은 그렇지 아니하다. 어느 한쪽에라도 제대로 서 있는 사람은 둘 모두의 결실을 얻는다. 헤아림으로 얻은 경지는 행으로도 이를 수 있느니, 헤아림과 행이 하나임을 보는 자, 그가 진정으로 보는 자이다.4

팔심 좋은 이여, 놓음은 실로 요가5 없이 얻기 어렵다. 요가로 다잡은 수행자는 머지않아 브라흐만의 경지에 이른다. 요가로 다잡은 마음 맑은 사람, 자신을 이기고 감각기관을 다스린 사람, 자신의 자아가 삼라만상의 자아가 되는 사람은 행위를 해도 그 행위에 의해 더럽혀지지 않느니.

진리를 아는 자는 비록 보고, 듣고, 만지고, 냄새 맡고, 먹고, 걷고, 자고, 숨 쉬고, 말하고, 배설하고, 쥐고, 눈을 뜨고 감더라도 감각기관이 감각대상에 작용할 뿐이라고, '나는 어떤 일도 행하지 않는다'라고 지속적으로 생각해야 한다. 집착을 버리고 브라흐만 안에서 모든 일을 행하는 자, 그는 마치 연꽃이 물에 젖지 않듯 죄악에 젖어들지 않는다. 요긴6

---

3 헤아림과 행_ 헤아림은 '상키야sāṃkhya'를, 행은 '요가yoga'를 옮긴 것으로, '행위의 요가'는 'karma yoga'를 가리킨다.
4 헤아림으로 얻은 ~_ 3장 앞머리의 '헤아림이 있는 자들은 지혜의 요가, 실천이 있는 자들은 행위의 요가'라는 가르침과도 일맥상통하는 구절이다.
5 요가_ 행위의 요가, 즉 '까르마 요가'이며, 여기서부터는 행과 행위의 혼동과 중복을 피하기 위해 요가를 행으로 옮기는 대신 원문 그대로 둔다.
6 요긴yogin_ 흔히 주격 단수인 요기yogi로 쓰이기도 한다. 요긴과 요기 중 어느 것을 써도

은 자아를 맑히기 위해 집착을 버리고 오로지 몸으로, 마음으로, 생각으로, 감각으로 행위 한다.

자신을 다잡은 자는 일의 결과를 내려놓고 더할 나위 없는 평온을 얻지만 다잡지 못한 자는 결과에 집착해 욕망의 행위에 얽매인다. 몸에 깃든 자는 마음으로 모든 행위를 내려놓고 아홉 문의 성7에 편안히 머문다. 그는 행위를 하지도, 하게 하지도 않느니.

자재自在한 이8는 행위를 주재하지 않고, 행위 자체도 세상에 만들지 않으며, 행위와 결과를 연결 짓지도 않느니. 단지 각자가 본래 지닌 힘9으로 굴러가게 할 뿐. 권능한 이10는 누구의 악행도, 또 누구의 선행도 취하지 않는다. 앎이 무지에 덮여 있기에 살아 있는 자들이 거기에 미혹되는 것일 뿐. 그러나 자아에 대한 무지를 앎으로 물리친 자에게는 바로 그 앎이 지고한 그것11을 태양인 듯 비추느니. 이성을 그것에 향하게 하

상관없고, 요기가 더 일반적으로 쓰이나 단어의 원형을 택해온 본 번역의 일관성을 위해 요긴으로 표기한다.

7 아홉 문의 ~_ 문의 성(또는 도시)nava-dvāra pura은 아홉 개의 성문이 있는 도시에 몸을 비유한 것으로, 객관적 지식을 얻는 일곱 구멍인 눈, 콧구멍, 귓구멍, 입과 아래의 두 배설 기관인 직장과 방광을 일컫는다.

8 자재한 이_ '쁘라부prabhu'를 옮긴 것이다.

9 본래 지닌 힘_ '스와바와svabhāva'를 옮긴 것으로, 이 스와바와는 각자가 자연스럽게 태생적으로 갖고 있는 힘으로, 여기서는 본연의 기질, 만물이 본디 갖고 있는 성질인 쁘라끄르띠와 같은 뜻으로 쓰였다.

10 권능한 이_ 'vibhu'를 옮긴 것으로, 주 8의 '쁘라부'와 마찬가지로 몸의 주인인 자아를 가리킨다고 보는 것이 일반적이며, 자아와 더불어 끄르슈나를 가리킨다고도 보는 견해도 있다.

11 그것_ 브라흐만을 뜻한다.

고, 자아를 그것에 세우며, 그것에 머물고, 그것에 마음을 바쳐 앎으로 더러움을 뿌리 뽑은 자는 돌아와야 하는 길을 다시는 가지 않는다.[12]

두루 아는 자는 배움과 절제를 갖춘 브라만이거나 소이거나 코끼리이거나 개이거나 개를 먹는 자[13]이거나 모두 분별함이 없는 눈으로 본다. 마음이 평정에 머무는 자는 바로 여기 이 세상에서 태어남을 극복하느니, 브라흐만은 흠결 없고 분별함 없기 때문이다. 그러기에 그는 브라흐만 안에 머무는 것이다.

좋은 것을 얻었을 때 기뻐 날뛰지 않고, 마땅치 않은 것을 만났을 때 미워하지 않아야 한다. 미혹됨 없는 단단한 이성으로 브라흐만을 아는 자는 브라흐만에 머무느니. 외부의 것과 접촉해도 마음이 그에 집착하지 않는 자는 자아 안에서 평온을 얻는다. 그의 자아는 브라흐만의 요가와 이어져 있으니[14], 그는 다함없는 행복을 누린다.

접촉으로 인해 생긴 안락은 고통의 산실일 뿐이다. 꾼띠의 아들이여, 현자는 시작이 있고 끝이 있는 그 안에 빠져들지 않느니. 욕망과 분노에서 오는 세찬 소요를 육신을 벗어던지기 전, 바로 이 생에서 참아낼 수 있는 자는 다잡은 사람이요, 행복한 사람이다.

---

12 돌아와야 ~_ 불교의 '돌아오지 않는 자, 아나가민anāgāmin'과 비교해보면 좋을 듯하다. 아나가민은 불교에서 해탈을 방해하는 '얽매임을 끊어내는 네 단계' 중 세 번째 단계로, 다시는 인간으로 환생하지 않고 가장 높은 천상 중 한 군데서 태어나 그곳에서 해탈을 이루는 단계이다.
13 개를 먹는 자_ 천민 중에서도 가장 낮은 계급의 천민을 일컫는 말이다.
14 브라흐만의 ~_ 브라흐만 또는 아뜨만에 대한 명상에 깊이 빠져들어 있음을 의미한다.

내면이 행복이요 내면이 즐거움이며 내면이 빛인 그런 요긴이 브라흐만이며, 브라흐만의 열반에 이르느니. 더러움이 사라지고 의심이 끊겼으며 자아가 다스려진 수행자는 브라흐만의 열반을 얻고 삼라만상의 이로움을 위해 마음을 쏟는다. 욕망과 분노에 매이지 않고 마음을 다스리는 수행자, 자기 자신을 아는 수행자는 이승에서도 저승에서도 브라흐만의 열반에 드느니.

외부와의 접촉을 멀리하며 시선을 미간에 두고 코 안을 드나드는 들숨과 날숨을 가지런히 한 뒤, 감각기관과 마음과 정신을 다스리며 해탈을 궁극의 목적으로 삼는 수행자, 열망을 버리고 두려움도 분노도 버린 수행자는 언제나 자유로운 자이다. 나를 제와 고행을 즐기는 자로, 온 세상의 주인으로, 삼라만상의 벗으로 알아 그는 고요함을 얻느니.'

6

드야나 요가*

भगवद् गीता

* dhyāna yoga_ '선정의 요가'.

† † †

성스러운 이가 말했다.

'행위의 결과에 기대지 않고 그저 해야 할 일을 하는 자, 그가 내려놓은 자요, 그가 요긴이다. 단지 불을 지니지 않았다고 해서[1] 또는 행위를 하지 않았다고 해서가 아니다. 빤두의 아들이여, '내려놓았다'라고 하는 것이 곧 요가임을 알아라. 의도[2]를 내려놓지 않는 자들은 결코 요긴이 될 수 없기 때문이다. 요가에 오르려는 수행자에게는 행위가 방편이라고 하며, 요가에 이미 오른 자에게는 고요함이 방편이라고 한다. 모

---

1 불을 지니지 ~ _ 여기서 '불'은 브라만 사제가 섬기는 성화聖火를 뜻한다. 『베다』는 보편적 브라만들에게 항상 불을 꺼트리지 말고 지니도록, 그리하여 매일 여명과 황혼에는 아그니호뜨라agnihotra 제, 즉 진언과 함께 불에 제물을 바쳐 섬기는 '불의 제'를 올리도록 하고 있다. 그러나 통상 제사가 아닌 수행을 목적으로 삼는 브라만들은 이 불을 내려놓고 수행에 전념한다. 여기서는 그렇게 불을 내려놓는다고 해서 '내려놓은 수행자'는 아니라고 말하고 있다.
2 의도_ 'saṃkalpa'를 옮긴 것으로 열망, 욕망, 소망, 기대 등 마음속에 품은 뜻 또는 욕망의 싹을 뜻한다.

든 의도를 내려놓고 감각대상에도, 행위에도 집착하지 않을 때 그를 일컬어 요가에 오른 자라고 하기 때문이다.

자신으로 자신을 높일 것이며 자신을 낮추지 말아야 하느니. 자기 자신만이 자신의 친지요, 자기 자신이 다만 자신의 적인 법이다. 오직 자신으로 자신을 이긴 자에게 자신은 자신의 친지이나 자신을 다스리지 못한 자에게 자신은 다만 적개심 지닌 적으로 굴 뿐이다.[3] 자신을 이기고 고요함에 이른 자의 지고한 자아는 추위나 더위에, 행과 불행에, 칭송과 비난에 한결 같은 마음을 유지한다. 자아가 지와 분별지에 충족되고, 곧추 서서 감각기관을 다스리며, 흙덩이와 돌과 황금을 같게 보는 요긴, 그를 일컬어 '다잡은 자'라 하느니. 동지, 벗, 숙적, 방관자, 중립적인 사람, 싫은 사람, 친지, 선한 사람, 악한 사람 모두에게 공평한 마음을 지닌 자는 비범하다.

요긴은 한적한 곳에 남아 홀로 생각과 마음을 다스리며 바라는 것이나 가진 것 없이 언제나 자신을 다잡아야 한다. 청정한 곳에서 자신을 위해 헝겊이나 사슴가죽 또는 꾸샤 풀[4]을 덮은, 너무 높거나 지나치게 낮지 않은 단단한 자리를 마련해야 하느니. 그 자리에 앉아 마음을 한곳에 단단히 모은 뒤 생각과 감각기관이 하는 일을 다스리고 자신을 맑히

---

3 **자신**_ '아뜨만ātman'을 옮긴 것으로, 여기서 아뜨만은 두 가지 의미로 쓰였다. 이겨내야 할 현상으로서의 자아. 즉 재귀적 자아와 초월적 자아 두 가지 의미로 보면 될 것이다.
4 **꾸샤 풀**_ 잎의 양 끝이 모두 날카로운 거친 풀이다. 브라만 또는 수행자가 이 풀을 엮어 방석을 만들거나 옷을 해 입음으로써 스스로 안주하지 않겠다는 다짐을 보여주는 수행과 계급의 상징적 풀이라고 할 수 있다.

기 위해 요가에 마음을 매두어야 한다. 몸체와 머리와 목을 곧게 유지하며, 움직임 없고 곧은 자세로 다른 어떤 곳도 두리번거리지 않은 채 자신의 코끝을 바라본다. 차분히 자신을 가라앉히고 두려움을 버릴 것이며, 금욕수행5의 서약을 단단히 하고 마음을 다스리며, 생각을 내게6 묶고 나를 가장 높은 곳에 둔 뒤 앉아야 하느니. 이와 같이 언제나 자아를 다잡고 항상한 마음을 지닌 요긴은 내 안에 자리 잡고 있는 지고한 열반 너머의 평온에 이르느니.

아르주나여, 요가는 지나치게 먹는 자와 아예 먹지 않는 자, 너무 많이 자는 자와 한없이 깨어만 있는 자의 것이 아니다. 고통을 몰아내는 요가는 식食과 쉼을 다잡아 하고, 행위에서 움직임을 다잡으며, 잠과 깸을 다잡은 자의 것이 되리라. 잘 다스려진 마음을 오직 자아에 두고 온갖 욕망에서 오는 갈망이 사라진 자, 그를 일컬어 '다잡은 자'라고 한다. '바람 잔 곳에 놓인 등불은 깜박임이 없듯', 이것이 마음을 다스리고 자아를 요가에 묶어둔 요긴에게 드는 비유이니.

---

5 **금욕수행_** '브라흐마짜르야brahmacārya'를 옮긴 것으로, 브라흐마짜린brahmacārin과의 관계 속에서 뜻을 살피는 것이 중요하다. 브라흐마짜린은 브라만이 거치는 인생의 네 단계 중 첫 번째 단계에 해당되며, 『베다』를 공부하는 학생들이 스승과 함께 지내는 시기이다. 그들은 성스러운 꾸샤 풀로 만든 띠를 두르고 정성을 다해 스승을 섬기며 『베다』를 배우고 기본적으로 금욕적인 생활을 한다. 그로부터 브라흐마짜린 자체에 금욕수행이라는 뜻이 생기게 되었고, 브라흐마짜르야는 그들이 하는 행위, 즉 브라흐마짜린과 마찬가지의 금욕수행이라는 뜻을 지닌다. 금욕수행의 서약은 수행자들이 하는 맹세를 말한다.
6 **생각을 내게_** 여기서 '나'는 일반적으로 뒤의 문맥과 연결해 성스러운 화자인 끄르슈나로 해석되지만 받아들이기에 따라 '나 자신'으로 해석해도 될 듯하다.

요가를 열심히 행함으로써 생각이 멈추고, 다만 자아가 자아를 들여다보며 자아에 대해 만족해할 때, 오직 이해로써만 붙잡을 수 있는 감각 너머의 한없는 평온을 알 때, 그것을 알아차리고는 진실로 흔들림 없이 거기에 단단히 서 있을 때, 그것을 얻고 나서는 더 이상은 다른 나은 것을 얻을 것이 없다고 여길 때, 그 위에 단단히 서서 아무리 무거운 고통에도 흔들리지 않을 때, 그때 그것이 고통의 족쇄를 푸는 요가라고 불리는 것임을 알아야 한다. 그리고 그런 요가는 단단히 동여매 낙담하지 않는 마음으로 굳건히 행해야 하느니.

의도에서 일어나는 모든 욕망을 남김없이 버리고, 감각을 에워싸고 있는 촉락을 오직 마음으로 다스린 뒤 서서히 멈추어야 한다. 단단히 틀어 쥔 이해로 마음이 자아에 머물게 한 뒤 그 무엇도 생각지 말아야 하느니. 요동치는 마음이 어디로 배회하든 그것을 멈춰 다스리고 오직 자아 안에 고삐를 매두어야 한다. 이처럼 격동이 그치고 마음이 고요해져 브라흐만이 된 흠결 없는 요긴에게는 위없는 평온이 찾아오느니. 이처럼 언제나 자아를 다잡아 더러움이 가신 요긴은 브라흐만을 접해 한없는 평온을 쉬이 얻는다.

자아를 요가로 다잡은 자는 삼라만상 안에서 자아를 보고 삼라만상을 자아 안에서 보느니. 그는 모든 것을 분별함이 없는 눈[7]으로 본다. 무엇에서든 나를 보는 자, 내 안에서 모든 것을 보는 자에게 나는 결코

7 분별함이 없는 눈_ 에까뜨왐ekatvaṃ을 이렇게 옮긴 것이며, 하나인 상태, 한결같음, 하나됨, 평등함 등으로 옮길 수 있다.

사라지지 않으며 또한 그는 결코 내게서 사라지지 않느니. 삼라만상 안에 현재하는 나를 섬겨 나와 하나가 된 요긴은 어떤 일에 처해도 내 안에 머문다. 아르주나여, 안락하건 괴롭건 자기 자신에 비춤으로써 어느 것이나 평정하게 보는 자는 지고의 요긴으로 여겨지느니.'

아르주나가 말했다.

'마두를 죽인 분이시여, 저는 불안정하기에 당신이 설하신 이 평정함의 요가를, 그것의 강고한 상태를 보지 못합니다. 끄르슈나여, 마음은 불안정하고 요동치며 드세고 완고한 것이기 때문입니다. 그것을 붙잡는 일은 바람을 잡는 것처럼 어려운 일이라고 여겨집니다.'

성스러운 이가 말했다.

'팔심 좋은 이여, 의심할 여지없이 마음은 붙들기 어렵고 흔들리는 것이다. 꾼띠의 아들이여, 그러나 그것은 배움으로써, 애착을 벗어버림으로써 붙들 수 있느니. 나는, 자신을 다잡지 못한 자가 요가를 이루기는 어렵다고 여긴다. 그러나 자신을 다스리는데 애쓰는 자는 마땅한 방법을 통해 이를 이룰 수 있느니.'

아르주나가 말했다.

'끄르슈나여, 신념은 있으나 요가에 흔들리는 마음 때문에 요가를 이루지 못한 자들은 어떤 길을 가는 것입니까? 팔심 좋은 분이시여, 그는 혹시 두 가지8 모두에서 벗어나 조각난 구름처럼 브라흐만의 길에서

---

8 두 가지_ 여기서 두 가지는 행위의 길과 요가의 길을 뜻한다.

디딜 곳 없이 정신 잃고 흩어지는 것은 아닙니까? 끄르슈나여, 이런 제 의심을 남김없이 잘라주십시오. 당신 아닌 어느 누구도 이런 의심을 잘라낼 수가 없기 때문입니다.'

성스러운 이가 말했다.

'쁘르타의 아들이여, 이 세상에서도 저세상에서도 선한 행위를 하는 자, 그의 파멸은 없느니. 벗이여, 그는 결코 나쁜 길9을 가지 않기 때문이다. 꾸루의 기쁨이여, 요가에서 벗어난 자는 공덕 짓는 자들의 세계에 이르러 한없는 해를 거기 머문 뒤에야 맑고 영예로운 가문이나 또는 슬기로운 요긴 가문에 태어나느니. 그러나 그렇게 태어나는 것은 이 세상에서 더욱 얻기가 어렵다. 거기에서 그는 이전의 몸이 얻은 이해와 접하고 완성에 이르기 위해 더더욱 정진하느니. 이전의 배움으로 인해 자기도 모르게 그에 이끌리기 때문이다. 단지 요가를 알려고만 해도 브라흐만의 말10을 훌쩍 넘어서느니. 결연히 노력한 요긴은 더러움을 맑히고 세세생생 완성을 이루며 지고의 길로 간다. 요긴은 고행자보다 낫고, 앎이 있는 자보다도 낫다. 요긴은 또한 의례 행위를 하는 자보다도 낫다고 여겨지느니. 아르주나여, 그러니 요긴이 되어라. 신념을 갖고 내게 헌신하며 내적 자아로 내게 다가오는 자, 나는 그가 모든 요긴 중에서도 자신을 가장 잘 다잡은 자라고 여기느니.'

---

9 나쁜 길_ 'durgatim'을 옮긴 것으로, 잘못된 환생 또는 나쁜 환생의 길을 뜻한다.
10 브라흐만의 말_ 『베다』의 진언을 뜻한다.

7

즈냐나-위즈냐나 요가[*]

भगवद् गीता

* jñāna-vijñāna yoga_ '지와 분별지의 요가'.

† † †

성스러운 이가 말했다.

'쁘르타의 아들이여, 마음을 내게 묶어두고, 내게 의지해 요가하는 법에 대해, 의심 없이 통째로 나를 알 수 있는 법에 대해 들어 보아라. 내가 지와 분별지에 대해서 하나도 빠짐없이 설할 테니, 그것을 알고 난 후엔 이 세상에서 더 알아야 할 것이 없게 되리라.

수천 명의 사람 중 어쩌면 한 명 정도나 완성을 위해 애쓸 것이며, 힘들여 완성을 이룬 사람 중에서조차도 진실로 나를 아는 자는 어쩌면 한 명이나 있을 것이다. 내 본연의 성질1은 여덟 가닥으로 나뉘어 있느니. 땅, 물, 불, 바람, 허공, 마음, 정신 그리고 자아의식2이 그것들이다.

1 본연의 성질_ 쁘라끄르띠를 말한다.
2 자아의식_ 흔히 ego로 번역되는 '아항까라ahaṅkāra'를 옮긴 것으로, 나라는 생각 또는 내가 행위자라는 의식을 말한다.

그것은 나의 낮은 본질이요, 더 지고한 나의 다른 본질이 있음을 알아라. 팔심 좋은 이여, 생명의 본질3이 된 그것이 세상을 지탱한다. 삼라만상이 그것을 모태로 삼고 있음을 알아야 하느니. 나는 온 세상의 시작이요 끝이다.

다난자여, 나를 뛰어넘는 것은 어디에도 없다. 보석의 다발이 줄에 꿰어있듯 이 모든 것은 내게 꿰어있느니. 꾼띠의 아들이여, 나는 물에서의 맛이며, 달과 해에서의 빛이다. 모든 『베다』에서의 성스러운 음절 '옴'이며 허공에서의 소리요 인간들에게서의 인간다움이다. 나는 땅에서의 성스러운 향이요, 태양에서의 따가운 빛이다. 삼라만상에서의 생명이며 고행자에게서의 고행이다. 쁘르타의 아들이여, 나는 그치지 않고 이어지는 삼라만상의 씨앗임을 알아라. 나는 이성이 있는 자에게서의 이성이며, 빛나는 자에게서의 빛이다. 바라따의 황소여, 나는 힘 있는 자들에게서의 욕망과 탐착을 버린 힘이요, 존재들에게서의 다르마를 거스르지 않는 욕망이다.

사뜨와적 존재거나 라자스 또는 따마스4를 지닌 존재거나 성질은 모두 나로부터 나온 것임을 알아라. 그러나 내가 그것들 안에 있는 것이 아니라 그것들이 내게 담겨 있음이다. 이 세 가지 기질로 만들어진 것에

---

3 생명의 본질_ 'jīva'를 옮긴 것이다. 생명력, 생명으로 옮길 수도 있다.
4 사뜨와sattva, 라자스rajas, 따마스tamas_ 사물의 본질을 구성하는 세 가지 요소 또는 기질guṇa로, 사뜨와는 선하고 맑고 참된 기질을, 라자스는 활동적이고 밝고 격동적인 기질을, 따마스는 어둡고 무겁고 탁한 기질을 말한다.

의해 여기 이 세상이 온통 미혹되어 있어서 그 너머의 불변하는 나를 알아차리지 못하느니. 기질로 이루어진 나의 이 신묘한 환영幻影을 넘어서기 어렵기 때문이다. 오직 내게 귀의한 자만이 나의 이 환영을 건널 수 있다. 악을 저지르고 아둔하며 미천한 자는 내게 귀의하지 않느니. 그들은 이 환영에 앎을 앗기고 아수라 상태5에 기대고 만다.

아르주나여, 선한 일을 하는 네 부류 사람이 나를 섬기느니. 바라따의 황소여, 고통에 신음하는 자, 배움을 구하는 자, 풍요를 찾는 자, 그리고 앎이 있는 자가 그들이다. 그중에서도 항상 다잡아져 있고, 한마음으로 나를 받드는 앎이 있는 자가 수승殊勝하다. 앎이 있는 자는 나를 극진히 사랑하고 나 또한 그를 소중히 여기느니. 그들은 모두가 고귀하다. 앎이 있는 자를 나는 나 자신으로 여기느니. 그는 다잡아진 자아로, 오로지 위없는 경지의 내게 마음을 두기 때문이다.

여러 생의 끝에 '와아수데와6가 모든 것'임을 알고 내게 귀의해온 앎이 있는 자는 고결하며 참으로 찾아보기 어렵다. 이런저런 욕망에 앎을 앗긴 자들은 자기가 지닌 본연적 기질에 이끌려 이런저런 규범을 충실히 지키다 여타의 신에 귀의한다. 누가 무슨 신념으로 어떤 형상을 섬기고 싶어 하든 오직 내가 그들 각각의 그런 흔들림 없는 신념을 만들었느니. 그는 그 신념에 매여 그를 섬기는 데 열중하고, 그로 인해 애초에

---

5 아수라_ (일반적으로 '신'으로 옮기는) 데와deva와 대비되는 개념으로 '악'이나 '악마적'이라기보다는 어둡고 참되지 못한 기질을 뜻한다.
6 와아수데와_ 와수데와의 아들인 끄르슈나를 지칭한다.

내가 정해준 욕망을 취한다.

그러나 사려분별이 모자란 그들의 결실에는 끝이 있느니. 신을 섬기는 자는 신에게로 가고 나를 섬기는 자는 내게로 온다. 무지한 자는 은재하는 나를 현재하는 것으로 여기기에, 지고한 상태로 은재하는 항상하고 위없는 나를 알지 못한다. 나는 요가의 환영으로 에워 둘러 있기에 모두에게 드러나지 않느니. 태어남 없고 항상한 나를 이 미혹된 세계는 알지 못한다.

아르주나여, 나는 과거와 현재와 미래의 존재들을 안다. 그러나 누구도 나를 알지 못하는구나. 적을 태우는 바라따의 후손이여, 갈망과 미움에서 생긴 미혹된 상반의 사고로 인해 삼라만상은 태어날 때 미혹에 이른다. 그러나 서약이 굳건한 사람들은 죄악이 끝에 이르고 공덕을 지으며 미혹된 상반의 사고를 벗어버리고 나를 받든다. 내게 귀의해 늙음과 죽음에서 놓여나려 애쓰는 자. 그는 자아 너머 자아[7]인 브라흐만을 모두 알고, 행위를 남김없이 안다. 내게 마음이 이어져 생이 끝날 때까

---

7 자아 너머 자아_ '아드야뜨만' 또는 '아디아뜨만adhyātman(adhi+ātman)'을 옮긴 것이다. adhi는 동사 앞에 쓰이면 '~ 위', '~ 너머'라는 뜻이, 독립부사로 쓰이면 '위로' '너머로', 전치사로 쓰이면 목적격을 동반하며 '~ 앞', '~ 지나', '~ 너머', 형용사로 쓰이면 '~에 관해'라는 뜻이 된다. 여기서는 adhi를 전치사로 옮겼으며, 뒤에 나오는 '존재 너머의 존재 또는 최상의 존재', '신 너머의 신 또는 최고의 신' 등도 모두 adhi를 전치사로 보고 옮긴 것이다. 바우테넌은 아디아뜨만을 개아individual self로, 아디부따adhibhūta를 요소element 등으로 옮겼으며, 길희성은 제너Zaehner의 견해에 따라 adhi를 브라만을 수식하는 형용사로 보고 '~와 관련된'으로 번역해 '브라만과 관련된', '존재들과 관련된' 등으로 옮겼다. 반면 함석헌은 adhi를 '속알'로 보고 '신적 존재의 속알', '희생의 속알' 등으로 옮겼다. 라다크리슈난은 '~을 다스리는'으로 보고 '물질과 신의 양상과 모든 희생제를 다스리는'으로 번역했다.

지도 내가 '존재 너머의 존재'요 '신 너머의 신'이며 '제祭 너머의 제'임을 아는 자들은 진실로 나를 아느니.'

8

악샤라-브라흐마 요가[*]

भगवद् गीता

† † †

아르주나가 말했다.

'위없는 분이시여, 브라흐만이 무엇이고 자아 너머 자아는 또 무엇
입니까? 행위는 무엇이며, 무엇을 일러 존재 너머의 존재라고 하며, 무
엇을 일컬어 신 너머의 신이라고 합니까? 마두를 처단한 분이시여, 여기
이 몸에서 제 너머의 제라고 일컫는 것은 무엇이며 어째서 그러합니까?
그리고 자신을 다스리는 자들이 죽음의 마지막 순간에 당신을 어떻게
알아야 합니까?'

성스러운 이가 말했다.

'아니 멸함이, 지고함이 브라흐만이요, 자성自性1을 일러 자아 너머
자아라고 한다. 있음의 상태가 되도록 용솟음쳐 분출하는 것을 일컬어

---

1 자성_ 'svabhāva'를 옮긴 것으로, 존재가 지닌 스스로의 성품으로, 본연적 기질인 쁘라끄
르띠와 흡사한 의미로 보면 될 것이다.

행위라고 한다. 멸함의 상태가 되는 것을 일러 존재 너머의 존재라고 하며, 신 너머의 신이라고 일컫는 것은 뿌루샤[2]이다.

몸 가진 자들 중 가장 빼어난 이여, 제 너머의 제라고 일컫는 것은 바로 여기 이 몸에 있는 '나'이다. 몸을 버리고 떠나는 자가 죽음의 순간에 오직 나를 생각하면 그는 나의 실재實在[3]를 향해 온다. 거기에는 어떤 의심도 없느니. 꾼띠의 아들이여, 몸을 버리는 마지막 순간에 어떤 실재를 떠올리든 오직 그에 이를 뿐이니, 항상 그 실재로부터 실재가 비롯되기 때문이다.[4] 그러니 모든 순간에 나를 떠올리고, 싸워라. 마음과 이성을 오로지 내게 못박아둔다면 의심의 여지없이 그대는 내게로 오리라. 쁘르타의 아들이여, 요가의 훈련으로 마음을 매어 두고, 다른 어떤 것에도 흐트러지지 않으며 지고하고 신성한 정신을 염한다면 그에 이르느니.

오래된 현자요 스승이며,

원자보다 작음에도 모든 것을 만든 이,

어둠 저 너머 태양 같은 빛을 지닌 이,

<hr />

2 뿌루샤_ 『베다』에서 제 몸을 희생해 세상을 만든 거인 또는 태초의 존재이다. 상키야철학에서 뿌루샤는 '정신'이라고 칭해지며, '본연의 성질 또는 본질'이라고 일컬어지는 쁘라끄르띠와 더불어 세상을 구성하는 두 실재reality로 인식된다. 후대 싼스끄리뜨에서 뿌루샤는 흔히 '사람' 또는 '남자'를 뜻한다. 여기서도 이후부터는 뿌루샤를 정신으로 옮긴다.
3 실재_ 'bhāva'를 옮긴 것이다. bhāva는 3장 '상키야 요가'에서 언급한 불교적 인식인 '연기적 흐름 속에서의 존재' 또는 '중도적 존재'로 이해해도 무방할 듯하다.
4 항상 ~_ 죽음의 순간에 떠올리는 연기적 흐름의 상태에 있는 존재로부터 새로운 존재의 상태가 부여된다는 뜻이다.

상상 못할 형상의 존재인 그를 떠올리는 자,

멸함의 시간에 흔들림 없는 마음으로,
다잡아진 헌신으로, 그리고 요가의 힘으로
양미간에 생명의 힘이 편안히 들게 하는 자,
그는 지고하고 신성한 정신에 이르느니.

『베다』를 아는 자들이 말하는 멸함 없는 경지,
애착을 버리고 자신을 다스리는 자들이 드는 경지,
금욕을 행하며 그들이 바라마지 않는 그 경지를,
내가 간략히 설파하리니.

모든 감각의 문을 다잡아 의식을 심장에 가두고, 숨을 머리에 둔 채
요가의 한결같음을 유지하게 해, '옴'이라는 한 음절 브라흐만을 읊고[5],
나를 염하며 몸을 버리고 떠나는 자는 지고의 경지에 이른다. 쁘르타의
아들이여, 다른 것에 마음을 두지 않고 언제나 한결같이 나를 염하는 요
긴, 그런 다잡아진 요긴에게 나는 쉬이 얻어지느니. 내게 이르러 지고의
경지를 성취한 고결한 이는 고통의 집인 저 무상한 태어남을 다시는 얻
지 않으리. 아르주나여, 브라흐마 세계에 이르기까지 모든 세상은 다시

---

5 옴이라는 ~_ 브라흐만과 동일한 '옴' 한 음절이라는 뜻이다. '옴'과 브라흐만이 다르지
않다는 내용이다.

돌아오게 되어 있다.6 그러나 꾼띠의 아들이여, 내게 이른 자는 다시 태어남이 없느니.7

천 번의 유가가 끝나야 브라흐마의 낮이 됨을, 또한 천 번의 유가가 끝나야 브라흐마의 밤이 됨을 아는 자는 낮과 밤을 아는 자이다.8 낮이 오면 은재하던 모든 것이 현재하게 되고, 밤이 오면 은재하던 바로 거기로 사라져간다. 쁘르타의 아들이여, 그러한 존재의 군상은 다만 이러하여 존재가 되고 또 되는 것이다. 밤이 오면 어쩔 수 없이 사라졌다가 낮이 되면 다시 나타난다. 그러나 그처럼 은재하는 것 너머에 은재하는 또 다른 영구한 존재가 있느니. 삼라만상이 멸할 때도 그는 멸하지 않는다.

이 은재하는 것은 멸함 없는 자9라고도 하며, 또한 지고의 경지라고도 일컫는다. 거기 이른 뒤에는 다시 돌아오지 않느니. 거기가 바로 나의 거처이다. 쁘르타의 아들이여, 그 지고의 정신은 마음을 다해 섬겨야만 얻을 수 있구나. 존재들은 그 안에 담겨 있고, 모든 것은 그로 인해 퍼져 있느니.

바라따의 황소여, 생을 떠난 요긴이 다시 돌아오지 않는 때, 또한 떠났다가 다시 돌아오는 때에 대해 말하리라. 불, 빛, 낮, 상현, 북쪽으로 가는 여섯 달 동안의 태양, 그런 것들이 가는 길을 취해 가면 브라흐만을 아는 사람은 브라흐만에 이른다. 연기, 밤, 하현, 남쪽으로 가는 여섯 달 동안의 태양, 그런 것들이 가는 길을 취해 가는 요긴은 달의 빛을 얻어 다시 돌아오게 된다. 밝음과 어둠의 두 길인 그것은 세상을 위해 영원하다고 여겨지기 때문이다.[10] 하나를 취해 돌아오지 않을 것이요, 다른 하나를 취해 다시 돌아오느니. 쁘르타의 아들 아르주나여, 이 두 길을 아는 요긴은 어떤 경우에도 미혹되지 않는다. 그러니 언제라도 요가에 마음을 매두어라.

이것을 알아 요긴은
『베다』에서, 제에서, 고행하고 베푸는 데서 얻은
모든 공덕의 결실을 초일超逸해
지고한 태초의 경지에 이르느니.'

10 연기, 밤, ~_ 인도에서는 전통적으로 북쪽을 길한 방향으로, 남쪽을 길하지 않은 방향으로 인식한다. 아르주나가 전쟁을 주저한 원인이었던 비슈마는 스스로 죽음을 선택할 수 있었기에 태양이 상서로운 북쪽을 향해 가는 때를 기다려 죽음을 맞이했으며, 붓다는 열반을 위해 머리를 북쪽을 향하고 누웠다. 죽음의 신 야마가 머무는 곳도 남쪽이다. 태양이 북반구에 머무는 여섯 달을 데와야나devayāna, 즉 신들의 길이라고 하며, 남반구에 머무는 여섯 달을 삐뜨르야나pitryāna, 즉 조상의 길이라고 한다. 데와야나는 슈끌라 가띠śukla gati 즉, 밝음의 길이며, 삐뜨르야나는 끄르슈나 가띠kṛṣṇa gati 즉, 어둠의 길이다. 고행과 명상을 하는 자들은 사후에 데와야나를, 단지 선업만 지어서는 사후에 삐뜨르야나를 얻는다고 전해진다.

9

라자위드야-라자구히야 요가[*]

भगवद् गीता

* rājavidyā-rājaguhya yoga_ '왕과 같은 (최고의) 지식, 왕과 같은 (최고의) 비밀의 요가'.

† † †

성스러운 이가 말했다.

'이제 나는 시샘 없는 그대에게 분별지를 동반하는 은밀하고도 은밀한 앎에 대해, 알고 난 뒤에는 혼탁한 것에서 놓여나게 될 앎에 대해 설파하리라. 이것은 최고의 앎이요 지대한 비밀이며 위없는 맑힘의 그릇이다. 눈앞에서 보듯 이해할 수 있고, 올곧으며, 항상한 데다 행하기도 쉽다. 적을 태우는 이여, 이 다르마를 믿지 않는 사람은 나에게 이르지 못하고 죽음과 윤회의 길에 들어선다.

이 모든 세상은 은재하는 내 형상으로 씌워져 있느니. 삼라만상은 내 안에 존재하나 나는 그들 안에 있지 않다.[1] 또한 존재들은 내 안에

---

1 삼라만상은 ~_ 이 문장은 앞 장에서 언급한 낮은 상태의 은재함 또는 원초적 씨앗 상태의 쁘라끄르띠에 대한 설명이다. 끄르슈나는 비록 이 낮은 상태의 은재함으로 인해 현상계에 머물지만 존재들이 그 안에 있을 뿐, 그는 존재들 안에 있지 않다는 것이다.

머물지 않느니.[2] 보아라, 내 요가[3]의 권능함을! 내 자아는 존재들을 지탱하고 존재들을 있게 하지만 존재들 안에 머물지는 않느니. 천지사방을 다니는 큰 바람이 언제나 허공에 머물듯 삼라만상은 내 안에 머무름을 새겨 알아라. 꾼띠의 아들이여, 한 겁이 소멸할 때 삼라만상은 내 본연의 성질로 돌아오고, 한 겁이 시작할 때 나는 다시 그것들을 세상에 내놓는다. 나는 무력하게 본연의 성질에 휘둘리는 이 존재의 무리를 내자신의 본연의 성질[4]에 의지해 다시 또 다시 남김없이 내놓느니.

다난자야여, 그리고 그러한 행위는 나를 속박하지 않으며, 나는 그러한 행위에 초탈하게 앉아 있을 뿐 집착하지 않는다. 꾼띠의 아들이여, 본연의 성질은 나의 살핌으로 인해 움직이는 것과 아니 움직이는 것을 태어나게 하느니. 그런 연유로 세상은 굴러가고 또 굴러가는 것이다.

아둔한 자들은 존재들의 대주인인 나의 지고한 경지를 알지 못하고, 육신에 깃들어 인간 형상을 취하고 있는 나를 경시하느니. 생각 없는 자들은 헛된 희망, 헛된 행위, 헛된 앎으로 락샤사와 아수라들의 미망한

2 존재들은 내 ~_ 언뜻 보면 앞 문장과 대치되는 듯한 이 문장은 앞서 언급한 '현상계에 머무는 낮은 상태의 쁘라끄르띠적 은재함'이 아니라 존재들을 완전히 벗어난 높은 상태의 은재함. 즉 존재 너머의 존재인 지고한 정신 뿌루샤 빠라로 머무는 것을 뜻한다.
3 내 요가_ 감히 예견할 수 없는 끄르슈나의 신성한 힘과 위력을 뜻한다. 신묘한 힘 또는 환영幻影을 뜻하는 마야와 흡사해 보이나 기질들로 이루어진 마야는 끄르슈나에 귀의함으로써 건너갈 수 있는 반면(7장을 참조하라) 끄르슈나의 진정한 위력을 나타내는 요가는 피조물들로서는 넘어설 수 없기 때문에 앞의 마야와 요가가 같은 것이라고 할 수는 없다.
4 본연의 성질_ 끄르슈나의 낮은 본성인 쁘라끄르띠를 일컫는다. 4장 '즈냐나 까르마 산야사 jñāna karma sanyāsa yoga'의 논리를 좀 더 구체화시켜 반복적으로 말하고 있다.

본성에 기댄다. 쁘르타의 아들이여, 그러나 고결한 자들은 신성한 본성에 기대 존재의 시작이요 항상함인 나를 알아 다름없는 한마음으로 나를 섬기느니. 서약 굳은 이들은 항상 애써서 나를 명예롭게 하며, 내게 귀의해 헌신하고 항상 마음을 다잡아 나를 섬긴다. 또 다른 이들은 앎의 제로 제를 올리며 하나로, 따로, 또는 여럿으로 사방천지가 얼굴인 나를 섬기느니.

　나는 제례이며 나는 또한 제이다. 나는 스와다5이며 또한 나는 약초이다. 나는 진언이요 또한 아즈야6이며, 나는 불이며 또한 불에 바치는 공물이다. 나는 이 세상의 아버지요 어머니이며, 유지자요 할아버지이다. 배워야 할 배움이며, 맑히는 그릇이다. 나는 '옴' 음절이요 『리그베다』, 『사마베다』, 『야주르베다』이다. 나는 가야할 곳이며 떠받치는 자이다. 주인이며 지켜보는 자이고, 집이며 피신처이자 벗이다. 나는 시작이요 또한 끝이며, 자리요 창고이며 영원한 씨앗이다. 아르주나여, 나는 세상을 뜨겁게 달구며, 비를 막고 또 내보낸다. 아르주나여, 나는 아므르따이자 죽음이다. 나는 존재하며 또한 아니 존재한다.

---

5 스와다svadhā_ 본성이나 본인의 의지를 뜻하기도 하고, 조상들께 제를 지내며 바치는 음식(또는 제를 지내며 내뱉는 감탄사)이기도 하다. 반면 스와하svāhā는 신들에게 바치는 공물인 동시에 공물을 바치며 내뱉는 감탄사이다.

6 아즈야ājya_ 녹은 버터 또는 맑은 버터이며, 넓은 의미로는 우유로 만든 기름인 기이 대신 쓰이는 우유나 기름을 말한다. 희생제를 지낼 때 진언과 함께 불에 뿌려 희생제와 희생제 주변을 정화하는, 희생제에 반드시 필요한 물품이다.

소마를 마시며 『베다』를 알아 죄를 맑힌 자들은
공물 바쳐 나를 염하며 하늘을 구하느니.
그들은 공덕 많은 인드라의 세계에 이르러
신성한 천상에서 신들의 영화를 누리는구나.

그들은 드넓은 하늘 세계를 누린 뒤
공덕이 다하면 죽음의 세계로 들어가느니.
그들은 이렇듯 세 『베다』의 다르마를 충실히 좇아
욕망을 탐하며 가고 또 오는구나.

언제나 마음을 다잡아 다름 아닌 나를 오로지 염하며 섬기는 사람
들, 그들에게 나는 얻음과 지킴을 가져다주느니. 꾼띠의 아들이여, 신념
을 갖고 마음 다해 다른 신들을 섬기는 자들도 의례에 맞추지는 아니하
여도[7] 나를 섬기는 것이다. 나는 모든 제를 받아 챙기는 오롯한 주인이
기 때문이다. 그러나 나의 본질을 알지 못하기에 그들은 추락하는 것이다.
　신에게 서약한 자는 신에게 가고, 조상에게 서약한 자는 조상에게
간다. 귀신들[8]에게 서약한 자는 귀신들에게 가며, 내게 제 지내는 자는
내게로 오느니.

<hr />

7 의례에 ~_ '끄르슈나에게 적절한 의례를 갖추어 귀의하지는 않더라도'라는 뜻이다.
8 귀신_ 'bhūta'를 옮긴 것이다. 부따는 의례에 따른 적절한 장례를 치르지 않고 죽은 영령들
이다.

자신을 다잡은 자들이 마음 다해 바치는 것이면 무엇이든, 잎사귀든 꽃이든 열매든 물이든 나는 그렇게 바쳐진 그것을 취하며 즐긴다. 그대가 무엇을 하든, 무엇을 먹든, 무엇을 제 지내든, 무엇을 바치든, 꾼띠의 아들이여, 어떤 고행을 하든 그것을 내게 바치는 것으로 하여라. 그렇게 하면 그대는 업의 사슬로 인한 좋고 나쁜 결실에서 놓여나리라. 버림의 요가로 자신을 다잡아 해방되어 내게 이르리라.

나는 삼라만상에 분별없는 마음이니 내게는 꺼리는 자도 기꺼운 자도 없다. 마음 바쳐 나를 섬기는 자, 그는 내 안에 있고 나는 그 안에 있느니. 만약 극악한 짓을 한 자가 다름없이 나를 섬긴다면 그는 마땅히 해야 할 생각을 하는 바른 자라고 여겨지느니, 그가 옳은 결심을 한 까닭이다. 꾼띠의 아들이여, 그는 곧 고결한 자가 되어 영원한 평온을 얻으리라. 내게 마음을 바친 자는 멸하지 않음을 잘 알아두어라. 쁘르타의 아들이여, 죄 많은 태에서 태어난 자라 해도 내게 구원을 찾는다면 여인도, 와이샤도, 심지어 슈드라까지도 지고의 경지에 이르리라. 그러할진대 공덕 많은 브라만과 충심 있는 선인왕은 말해 무엇하랴? 무상하고 기쁨 없는 이 세상에 왔으니 나를 섬겨라. 마음을 내게 두고, 내게 마음을 바치며, 내게 제 지내고, 내게 귀의하여라. 그와 같이 스스로를 다잡고 내게 온 마음을 쏟는다면 반드시 내게 이르리니!'

10

위부띠 요가[*]

भगवद् गीता

* vibhūti yoga_ '존재를 넘어선 요가' 또는 '초월적 존재의 요가'.

　　　　　　　† † †

성스러운 이가 말했다.

'팔심 좋은 이여, 그대에게 흡족해마지 않기에, 또한 그대가 이롭기를 바라기에 하는 나의 지고한 말을 다시 한 번 들어라. 신들의 무리도, 대선인들도 나의 기원을 알지 못한다. 나는 모든 신들과 대선인들의 시작이기 때문이다. 태어남 없고 시작 없는 세상의 주인으로 나를 아는 자는 모든 죄악을 벗고 죽음 있는 자들 가운데서도 미혹됨이 없으리니.

이해, 앎, 미혹되지 않음, 인내, 진실, 절제, 평온함, 안락함, 불편함, 존재함, 아니 존재함, 두려움, 아니 두려움, 해치지 않음, 평정, 만족, 고행, 베풂, 명예, 불명예, 존재들 각각의 이런저런 형태는 오직 내게서 생겨나온 것이다. 이전에 있던 일곱의 대선인, 이 세상 피조물을 있게 한 네 번의 마누1도 나로 인해 생긴, 내 마음에서 태어난 자들이니. 그러한 나의 편재함과 나의 요가를 아는 자는 흔들리지 않는 요가로 다잡아질 것이니 거기에는 어떤 의혹도 없다.

성품을 갖춘 앎이 있는 자는 '나는 모든 것의 연원이며 모든 것은 나로부터 생성되었다'라고 여기며 나를 섬긴다. 마음을 내게 두고, 생명을 내게로 향하게 하며, 서로가 서로를 깨우치고, 언제나 나를 이야기하며 만족해하고 기뻐하느니. 항시 마음을 다잡아 기쁨으로 나를 섬기는 자에게 나는 깨침의 요가를 베풀고 그것으로 그들을 내 가까이 오게 한다. 나는 그들 자신의 실재 안에 머물며 무지에서 오는 어둠을 앎의 등불로 자비롭게 몰아내느니.'

아르주나가 말했다.

'당신은 지고의 브라흐만이요 최상의 거주처이며 최고의 맑힘 그릇

---

1 일곱 대선인 ~_ 이들에 대해서는 텍스트에 따라 의견도 또 이름도 다양하고 분분하다. 『베다』에는 '일곱 선인sapta ṛṣi' 이름이 일일이 열거되어 있지 않으며, 『브라흐마나』, 『우빠니샤드』, 그리고 후대의 『뿌라나』에 각각 다르게 나타난다. 『뿌라나』에도 저마다 조금씩 다른 이름이 나열되어 있으며, 일곱 선인은 유가마다 바뀐다. 일반적으로는 마리찌, 아뜨리, 앙기라스, 뿔라스띠야, 뿔라하, 끄라뚜 그리고 와시슈타이며, 자마다그니나 브르구, 까샤빠 또는 바라드와자가 언급된 경우도 많다. 현세의 일곱 선인은 까샤빠, 아뜨리, 와시슈타, 위쉬와미뜨라, 가우따마, 자마다그니, 바라드와자이다.
유가와는 또 다른 시간개념에 겁kalpa이 있으며, 마누의 시간(만완따라manvantara)은 한 겁 동안 지속된다. 열네 번의 만완따라가 있고, 열네 겁에는 저마다 책임 마누가 있다. 따라서 마누는 열네 명이 존재하고 한 번의 만완따라가 끝나면 한 겁도 같이 끝난다. 열네 마누 이름은 스와얌부, 스와로찌샤, 웃따마, 따마사, 라이와따, 짝슈샤, 와이와스와따, 사와르니, 닥샤 사와르니, 브라흐마 사와르니, 다르마 사와르니, 루드라 사와르니, 데와 사와르니, 인드라 사와르니이다. 첫 번째인 스와얌부 마누는 생명의 어버이들인 쁘라자빠띠들과 일곱 대선인을 만들어낸 일종의 이차적 조물주로 『마누법전manu smṛti』에 명시된 바로 그 마누를 뜻한다. 일곱 번째의 만완따라인 현재의 인류를 책임지고 있는 마누는 대홍수 뒤에 위슈누가 물고기 형상으로 끈 배에 생명들을 실어 살려낸 태양의 후손 와이와스와따 마누이다. 여기서 언급된 네 마누는 네 유가를 책임졌던 마누들이며, 따라서 '네 명의 마누'보다는 '네 번의 마누'라고 옮기는 것이 적당할 듯하다.

입니다. 당신은 또한 영원한 정신이며, 신성한 맨 처음의 신이요 태어남 없고 편재하는 분입니다. 모든 선인이, 천상선인 나라다가, 아시따 데왈라²가, 위야사가 그렇게 말했고, 당신 자신도 제게 그리 말씀하셨습니다. 끄르슈나여, 제게 말씀하신 이 모든 것이 사실이라고 여겨집니다. 성스러운 이여, 신들도 다나와들도 당신의 현재함을 실로 알지 못합니다. 위없는 정신이시여, 만물을 키우는 만물의 주인이시여, 신들의 신이요 세상의 주인이신 분이여, 오직 당신 자신만이 자아로써 자아를 압니다. 온 세상에 널리 머무시는 당신 자신의 신성한 편재함을 당신은 낱낱이 말씀해주심이 마땅합니다.

　요긴이시여, 당신을 늘 염하며 저는 어떻게 당신을 알아야 합니까? 성스러운 이여, 어떠어떠한 상태에서 제가 당신을 염해야 합니까? 끄르슈나여, 당신 자신의 요가와 편재함을 다시 한 번 자세히 말씀해주십시오. 저는 실로 아므르따 같은 당신 말씀을 듣는 것에 아직 갈증을 채우지 못했습니다.'

　성스러운 이가 말했다.

　'흐음, 그러면 훌륭한 꾸루여, 내 자신의 신성한 편재에 대해 주된 것만 그대에게 말하리라. 펼쳐놓자면 끝이 없기 때문이다. 아르주나여, 나는 삼라만상 안에 자리 잡은 자아며, 나는 존재의 처음이자 중간이며 끝이다. 나는 아디띠야³ 중 위슈누며, 빛 가진 것 중 태양이다. 마루뜨⁴

2 아시따 데왈라_ 명확한 특성이 드러나 있지 않고 특정인과의 관계 또한 모호한 선인이다. 동일인물인지 명확하지는 않으나 초기불교문헌에도 붓다를 섬기는 대선인으로 등장한다

중 마리찌5이며, 행성 중의 달이니. 『베다』중『사마베다』6이며, 신 가운데서는 인드라이다.

감각기관 중 마음감각이며, 존재들의 생각이다. 루드라7 중 샹까라8이며, 약샤와 락샤사9 가운데의 풍요의 주인 꾸베라이다. 나는 와수10 중 빠와까11이며, 봉우리 가진 것 중 메루12이다. 쁘르타의 아들이여, 나를 사제의 수장 브르하스빠띠13라고 이해하여라. 나는 대군을 이끄는

---

3 **아디띠야_** 신들의 어머니라고 불리는 아디띠의 자손들이다. 『베다』에는 일곱(또는 여덟) 명이 언급되어 있고, 『뿌라나』에는 일반적으로 위슈누를 수장으로 한 열두 명이 알려져 있다. 매달 다른 이름으로 빛나는 태양신의 다른 이름들이기도 하다.

4 **마루뜨_** 광폭한 폭풍의 신들이며, 루드라(후대의 쉬와)의 아들이다. 적게는 스물일곱, 많게는 예순 명이 언급된다. 『베다』에서는 루드라들과 동일시되기도 한다.

5 **마리찌_** 브라흐마가 마음으로 낳은 아들이며, 스스로 생명의 주인인 쁘라자빠띠이기도 하고 일곱 선인 중 하나이기도 하다.

6 **『사마베다』_** 네 『베다』 중 세 번째에 속하는 『베다』로, 운율이 아름다운 『리그베다』의 찬가, 또는 『리그베다』에 있는 밋밋한 찬가를 브라만 사제가 희생제를 지내기에 좋도록 편집한 『베다』이다.

7 **루드라_** 열한 명의 루드라-쉬와의 아들들이며, 여기서는 샹까라가 수장인 것으로 등장하지만 까빨린이 수장이라고 언급되기도 한다. 샹까라와 까빨린 둘 다 쉬와의 별호이기도 하다.

8 **샹까라_** 쉬와의 다른 이름이다.

9 **약샤와 락샤사_** 꾸베라의 시종들이며, 약샤는 흉포함이 덜한 반신, 락샤사는 좀 더 어둡고 광폭한 악마적 존재이다.

10 **와수_** 하늘, 땅, 바람 등 자연을 나타내는 여덟 명의 신이며, '머무는 자'라는 뜻이다. 『마하바라따』의 큰 어른 비슈마도 와수 중 하나였다고 언급된다. 위에 언급된 아디띠야들, 루드라들, 와수들 그리고 쌍둥이 신 아쉬인들을 합해 흔히 '서른셋의 신'이라고 통칭한다.

11 **빠와까_** (맑힘 혹은 정화의) 불을 뜻한다.

12 **메루_** 수메루라고도 불린다. 힌두와 불교, 자이나교 모두에서 신성한 산으로 섬기며, 세상 중심에 있다는 높고 상징적인 산이다. 불교에서는 흔히 수미산으로 번역된다.

13 **브르하스빠띠_** 신들의 스승이다.

자 중 스깐다14이며, 물 담은 것 중 바다일지니. 대선인 중 브르구15요, 음성 중 한 음절 '옴'이다. 제 중에서는 진언의 제이며, 아니 움직이는 것 중에서는 히말라야이니.

모든 나무 중 아쉬와타16 나무요 천상선인 중 나라다이며, 간다르와17 중 찌뜨라라타18이고, 완성을 이룬 자 중에서는 까삘라19 수행자이다. 말 중에서는 아므르따에서 솟아 나온 우짜이쉬라와스20로 나를 알아라. 코끼리 중의 아이라와따21로, 사람 가운데서는 사람을 지키는 왕으로 알아라. 무기 중에서는 와즈라22요, 소 중에서는 까마두끄23이니.

---

14 스깐다_ 『마하바라따』 3장에 장황하게 이야기되어 있는 꾸마라 또는 까르띠께야이며, 쉬와-빠르와띠의 씨로 태어나 여러 상황을 거쳐 여섯 명의 어머니를 갖게 되는 여섯 얼굴의 신군神軍의 대장이다.

15 브르구_ 브라흐마의 마음에서 태어난 아들이자 스스로 쁘라자빠띠이며, 일곱 대선인 중 한 명이다. 또한 자마다그니, 빠라슈라마 등을 후손으로 둔 대선인이며 인간들에게 불을 전해주었다고도 한다(문헌에 따라 앙기라스 선인이 전해주었다고도 한다).

16 아쉬와타_ 인도의 무화과나무로 영원히 존재한다고 믿어지는 성스러운 나무이다.

17 간다르와_ 음악과 춤의 반신들이다.

18 찌뜨라라타_ 『마하바라따』에 자주 등장하는 빼어난 간다르와로 아르주나와 친분이 두터운 사이이기도 하다.

19 까삘라_ 상키야철학의 창시자라고 전해진다.

20 우짜이쉬라와스_ 신과 아수라들이 불사주를 얻으려고 바다를 저을 때 불사주인 아므르따, 미의 여신 락쉬미, 신들의 의사 단완따리 등과 함께 바다에서 솟아나온 열네 가지 보물 중 하나이다. 눈처럼 흰 털을 지닌 말들의 왕이며, 또한 신들의 왕 인드라의 말이기도 하다. 그러나 『데위 바가와따 뿌라나』에는 태양신 수르야의 아들 레완따가 이 말을 타고 위슈누의 거처에 간 것으로 묘사되어 있기도 하다.

21 아이라와따_ 인드라의 흰 코끼리이다.

22 와즈라_ 신들의 왕 인드라의 벼락무기이다.

23 까마두끄_ 소들의 어머니 수라비를 일컬으며, 주인이 바라는 어떤 소망이든 모두 이루어

나는 생산하는 자 깐다르빠24이며 뱀 중에서는 와수끼이다. 나가25 중 아난따26요, 물에 사는 생명 중 와루나27이다.

조상 중 아르야만28이며 길들이는 자 중에 야마이다. 다이띠야 중에 서는 쁘라흘라다29요, 셈하는 것 중의 시간이며, 짐승 중에서는 짐승들 의 왕 사자이고, 날개달린 것 중에서는 위나따의 아들30이니. 맑히는 것 중 바람이며 무기 든 자 중의 라마31이다. 물짐승 중 상어이며, 흐르는 것 중에서는 자흐누의 딸32이다.

주는 천상의 소이다. 일반적으로 까마데누로 불린다.
24 깐다르빠_ 사랑의 신 까마데와의 다른 이름으로, 누구에게나 kam 욕정을 불러일으키는 drpa 자라는 뜻이다.
25 나가_ 큰 뱀 또는 용(?)을 일컫는다.
26 와수끼 ~_ 성정이 곧은 뱀들의 왕으로 전해지며, 신과 아수라들이 바다를 휘저을 때 산 을 휘감아 바다를 저을 수 있도록 했다. 여기서는 뱀들과 나가들을 구분해 아난따와 와수끼 가 서로 다른 종족처럼 느껴지나 대개의 경우 이들은 까샤빠와 까드루 사이에서 태어난 뱀 또는 나가(큰 뱀 또는 용)의 형제들로 묘사된다. '쉐샤'라고도 불리는 아난따는 최초의 뱀이 며, 세상이 흔들리지 않도록 땅 밑에서 단단하게 떠받치고 있다고 한다.
27 와루나_ 『베다』이후의 신화에서 물의 신이다. 『베다』에서는 언급된 횟수가 압도적이지 는 않으나 성경의 여호와와 흡사한 역할을 담당하여 세상의 이치와 질서를 다스린다.
28 아르야만_ 열두 아디띠야 중 하나로, 주로 혼례 등의 상서로운 일에 축원을 내려주는 역 할을 한다.
29 쁘라흘라다_ 위슈누를 신봉한 덕 높은 아수라이다.
30 위나따의 아들_ 새들의 왕이자 위슈누의 수레인 가루다를 일컫는다.
31 라마_ 여기서는 자마다그니의 아들이자 스물 한 차례나 크샤뜨리야들을 몰살시킨 빠라슈 라마를 일컫는다.
32 자흐누의 딸_ 강가 강을 일컫는다. 하늘세계를 흐르던 강가 강이 마지못해 땅으로 내려오 던 중 자흐누 성자의 오두막을 휩쓸어버리려다 오히려 그에게 삼켜진 것을 신들의 간청으로 풀려나게 되어 붙여진 이름이다.

아르주나여, 나는 피조물 중의 시작이요 끝이며 중간이다. 앎 중에서는 자아에 관한 앎이며, 말하는 자 중에서의 말이니. 음절 중 '아'이며, 합성어 중 드완드와[33]이다. 나만이 불멸의 시간이며 사방에 얼굴을 지닌 조물주이다. 나는 모든 것을 앗아가는 죽음이요 존재할 것들의 기원이다.

여성의 자질을 가진 것 중에서의 명예요 영예이며, 말이요, 기억이며, 앎이요 올곧음이며 인내이다. 사만[34] 중 나는 브르하뜨[35] 사만이요 운율 중 가야뜨리 운율[36]이며, 달 중 마르가쉬라스 달[37]이요 계절 중 꽃피는 계절이니.

협잡꾼 중 나는 노름이며, 기운 찬 것 중에서는 기운이다. 나는 승리요 결의이며 진실한 자 중의 진실이다. 우르슈니 중 와아수데와이며 빤다와 중 아르주나요, 수행자 중 위야사며 현인 중에서는 우샤나스[38] 현인이다. 다스리는 자의 지팡이이며, 승리를 구하는 자의 정책이요, 비밀스런 것 중 침묵이며, 앎이 있는 자의 앎이다.

---

33 드완드와_ 결합된 두 단어가 동등한 힘을 가진 합성어로, '~과 ~' 또는 '~ 그리고 ~'으로 풀어낼 수 있다. 싼스끄리뜨에서 가장 흔히 쓰이는 중요한 합성어라고 할 수 있다.
34 사만_ 『베다』의 찬가의 선율이나 『사마베다』의 시 또는 『사마베다』 자체를 뜻한다.
35 브르하뜨_ '크다', '위대하다'는 뜻으로 여기서는 『사마베다』의 대선율 또는 가장 주된 선율을 뜻한다.
36 가야뜨리 운율_ 스물 네 음절로 구성된 『베다』의 시이며, 다양하게 구성될 수 있으나 대개 8음절 세 개가 모여 이루어진다.
37 마르가쉬라스 달_ 힌두력의 아홉 번째 달로 11~12월 사이이며, 보름달이 그 행성이다.
38 우샤나스_ 아수라들의 스승이다. 지혜로는 신들의 스승인 브르하스빠띠보다 뛰어나다고 전해진다.

아르주나여, 삼라만상의 씨앗이 되는 것 또한 나이다. 살아 있거나 아니 살아 있는 어떤 존재도 나 없이는 존재하지 않느니. 적을 태우는 이여, 편재한 나의 신성함에는 끝이 없다. 그러나 내가 여기서 펼쳐 말한 나의 편재함은 그저 예시일 뿐이다. 편재함과 영예로움과 올곧음을 지닌 어떤 존재라도 내가 지닌 기운의 한 조각에서 나왔음을 알아라. 그렇다고 한들 아르주나여, 이 숱한 앎이 그대에게 무슨 소용이랴? 이 온 세상은 나의 한 조각으로 지탱되고 있는 것을!'

11

위쉬와루빠 다르샤나*

भगवद् गीता

* viśvarūpa darśna_ '우주적 형상을 펼쳐 보이는 장'

† † †

아르주나가 말했다.

'저를 위해 은혜를 베푸시어 당신은 자아 너머 자아에 관한 이 지고의 비밀을 설하셨습니다. 그것으로 저의 미혹이 사라졌습니다. 연꽃 눈을 지닌 이여, 당신에게서 존재들의 생성과 소멸에 대해서도, 또한 멸함 없는 당신의 숭고함에 대해서도 상세히 들었기 때문입니다. 지고한 주인이시여, 위없는 정신[1]이시여, 당신 자신이 스스로 말씀하신 당신의 숭엄하신 형상을 뵙고 싶습니다. 권능하신 요가의 주인이시여, 제가 그 형상을 볼 수 있는 자라고 여기신다면 당신의 항상한 자아를 제게 보여주십시오.'

---

1 위없는 정신_ '뿌루쇼따마puruṣottama(puruṣa+uttama)'를 옮긴 말로, '더 없고 위없는 최고 최상의uttama 정신puruṣa을 의미한다. 여기서는 뿌루샤를 물질 또는 본연의 성질인 쁘라끄르띠와 대비되는 정신으로 옮겼으나 『바가와드 기따』를 제외한 부분에서는 대부분 '위없는 분'으로 옮겼다.

성스러운 이가 말했다.

'쁘르타의 아들이여, 이제 수백, 수천 갈래로 나눠지는 다양한 나의 형상을, 성스럽고 다채로운 내 모습을 보아라. 바라따의 후손이여, 아디 띠야들을, 와수들을, 루드라들을, 아쉬윈들을, 마루뜨들을 보아라. 이전 에는 결코 본 적이 없던 수많은 기적을 보아라. 아르주나여, 온 세상의 움직이고 아니 움직이는 것이, 그리고 또한 그대가 보고 싶어 하는 다른 것이 모두 하나 되어 여기 나의 이 한 몸에 담겨 있음을 보리라. 그러나 그냥 그대의 맨눈으로는 볼 수 없기에 그대에게 천상의 눈을 부여하리 라. 나의 숭엄한 요가를 보아라.'

산자야가 말했다.

"왕이시여, 숭고한 요가의 주인 하리는 그렇게 말한 뒤 쁘르타의 아 들을 위해 저 숭엄한 형상을 펼쳐보였습니다. 수많은 입과 눈, 놀랍기 그지없는 무수한 상, 헤아릴 수 없는 천상의 장신구, 무한한 천상의 무 기를 치켜들었답니다. 천상의 화환과 옷가지를 두르고, 천상의 향유를 바르고 있었습니다. 모든 것은 무한의 얼굴을 만방으로 향한 신의 기적 이었지요. 만약 하늘에 천 개의 태양이 한꺼번에 뜬다면 저 고결한 이의 빛과 흡사할 것입니다. 빤두의 아들은 여러 갈래로 나뉜 온 세상이 저 신들 중의 신의 몸에서 하나 되어 있음을 보았습니다. 그리하여 다난자 야는 너무나 놀란 나머지 온몸의 털이 곤두섰답니다. 머리 조아려 신께 절을 올린 그가 두 손 모으고 말했습니다."

아르주나가 말했다.

'신이시여, 당신의 몸에서 저는 만신을 봅니다.
삼라만상의 무리를 봅니다.
연꽃 자리에 브라흐마가 앉아 있고, 그리고
모든 선인이, 천상의 뱀들이 있습니다.

당신의 무수한 팔과 배와 얼굴과 눈을,
만방으로 향한 무한한 형상을 봅니다.
세상의 주인이시여, 세상의 형상이시여,
끝도 없고 중간도 없고 시작도 없는 당신을 봅니다.

왕관, 철퇴, 바퀴, 그리고
사방에서 빛나는 빛의 더미와 함께 있는 당신을 봅니다.
사방으로 타오르는 가늠 못할 불과 태양의 빛을 지닌 당신을,
감히 바라볼 수조차 없는 당신을!

당신은 아니 멸하는 분이요, 알아야 할 지고한 분이며,
또한 당신은 온 세상 최고의 보물창고입니다.
나는 당신이 영원히 변치 않는 다르마의 수호자요,
대대로 이어져 내려온 정신이라 여깁니다.

시작도 중간도 끝도 없으며

무한한 위력과 무한한 팔을 지닌 당신을,

달과 태양의 눈을 지녔으며

타오르는 제물 삼키는 입을 지닌 당신을 봅니다.

하늘과 땅 사이에 존재하는 이곳,

사방이 모두 당신 하나로 퍼져 있습니다.

고결한 이여, 당신의 이 놀랍고도 무서운 형상을 보고

삼계가 덜덜 떨고 있습니다.

신들의 무리가 당신 안으로 들어옵니다.

어떤 이는 두려워하며 손을 모으고 당신을 찬미합니다.

대선인과 싣다2 무리는 스와스띠3를 읊조리며

유려한 선율로 당신을 노래합니다.

루드라, 아디띠야, 사드야4,

2 **싣다**_ 기적을 행하는 데 가장 뛰어난 반신족이다.

3 **스와스띠**_ '모든 일이 잘 되리라'라는 축원의 읊조림이다. 여기서 파생한 스와스띠까는 다리를 꼬고 명상하는 자세를 표현하며, 길상을 상징하는 기호卐이다. 나치가 상징으로 이용하기도 한 이 스와스띠 기호는 불교의 만卍 자와 흡사하나 형태가 거꾸로 되어 있다. 간혹 만자와 마찬가지로 왼쪽으로 열린 경우도 있다.

4 **사드야**sādhya_ 특별한 역할이 알려지지 않은 무리 신이며, 『위슈누 뿌라나』에는 닥샤 쁘라자빠띠의 손자들로 나온다.

위쉬와, 아쉬인, 마루뜨, 우슈마빠5,
간다르와, 약샤, 아수라, 싣다 무리들이
모두 놀라 당신을 바라봅니다.

팔심 좋은 이여, 당신의 거대한 형상,
수많은 입과 눈, 숱한 팔과 허벅지,
발, 무수한 배, 놀라운 엄니를 보고
세상사람들이 놀라고 제가 놀라 떨고 있습니다.

하늘을 찌르고 훨훨 타며 여러 색깔 지닌 당신이
입과 눈을 좌악 열어젖힌 것을 보고
제 내면의 자아는 놀라움에 떨고 있습니다.
위슈누시여, 저는 당당함도 고요함도 찾지 못하겠습니다.

엄니 가진 당신의 얼굴,
최후의 날에 타오르는 시간의 불과 같은 얼굴을 보니
방향을 알지 못하겠습니다. 고요함을 찾지 못하겠습니다.
신들의 신이시여, 세상의 집이시여, 굽어 살펴주소서!

5 우슈마빠ūṣmapā_ 야마의 거처에 사는 망자들 또는 조상들이다.

지상의 왕들의 무리와 더불은
저 드르따라슈트라의 모든 아들이,
비슈마, 드로나, 마부의 아들 까르나가,
우리 병사의 수장들이 모두 함께

무서운 엄니 가진 당신의 입 속으로
횡횡하게 들어갑니다.
머리가 바스러진 채
엄니 사이에 끼어 있는 자들도 보입니다.

수없이 많은 물줄기 가진 강들이
다만 바다를 향해 내달리듯
저 인간세상의 영웅들이
훨훨 타는 당신의 입 속으로 들어갑니다.

부나비들이 파멸을 향해
타는 불길 속으로 온 힘을 다해 치달아가듯
그렇게 세상도 파멸을 위해
전력으로 당신의 입을 향해 들어갑니다.

위슈누시여, 당신은 사방을 핥고
훨훨 타는 입으로 세상을 집어 삼킵니다.

번쩍이는 열로 세상을 가득 채우고
찌르는 빛으로 태워버립니다.

말씀해주십시오. 그처럼 무서운 형상을 지닌 당신은 누구입니까?
빼어난 신이시여, 당신께 귀의합니다. 굽어 살피소서.
태초의 존재이신 당신을 알고자 합니다.
당신이 가시는 길을 제가 알지 못하여서입니다.'

성스러운 이가 말했다.

'나는 세상의 파멸을 위해 익은 시간이다.
온 세상을 여기에 모여들게 했느니.
반대편에 맞서 있는 용사 모두는
그대가 아니어도 없어지리라.

그러니 일어서라, 명예를 얻어라.
적을 이기고 풍요로운 왕국을 누려라.
왼손잡이 궁수여, 이들은 내게 이미 죽은 자들이다.
그대는 다만 상징이 될 뿐이구나.

드로나, 비슈마, 자야드라타, 까르나 그리고
다른 영웅적 병사들도 이미 내게 죽임을 당했다.

그러니 죽여라. 근심을 거두어라.
싸워라. 전투에서 적을 이기리니.'

산자야가 말했다.

"께샤와 끄르슈나의 이런 말을 듣고
왕관 쓴 아르주나[6]는 두 손 모아
떨며 귀의한 뒤 절을 올리고는
몹시 더듬거리며 다시 한 번 그에게 말했습니다."

아르주나가 말했다.

'끄르슈나여, 당신을 추앙함에
세상이 기뻐하고 즐거워하는 것은 마땅한 일입니다.
락샤사들은 두려워 사방으로 도망치고
싣다의 모든 무리는 당신께 귀의합니다.

고결한 이여, 브라흐마보다 중한

---

6 왕관 쓴 아르주나_ 여타의 신들, 영웅들과 마찬가지로 아르주나 또한 수많은 별칭이 있다.
'왕관 쓴 자'라는 뜻의 '끼리티kirīṭī'는 신들의 청으로 아르주나가 다이띠야(또는 아수라)들
과 전쟁할 때 친부인 신왕 인드라가 내려준 번쩍이는 왕관을 쓰고 싸웠기 때문에 붙여진 별
칭이다.

태초의 조물주인 당신께 어찌 귀의하지 않으리까?

무한한 이여, 신들의 주인이여, 세상의 집이여,

멸함 없는 당신은 존재하는 것과 아니 존재하는 것 너머에 있습니다.

당신은 태초의 신, 오래된 정신이며

당신은 이 세상 가장 높은 곳입니다.

당신은 이미 아는 이요, 당신은 또한 알아야 할 이입니다.

무한한 형상을 지닌 이여, 당신은 세상에 두루 퍼져 있습니다.

당신은 와유, 야마, 아그니, 와루나,

달, 쁘라자빠띠, 할아버지의 할아버지입니다.

당신께 수천 번 절하고 또 절하옵니다.

다시 또 다시 절하고 절하옵니다.

당신 앞에서 절하고 당신 뒤에서 절하옵니다.

당신을 사방으로 에워 돌아 절하옵니다.

당신의 위력은 무한하고 당신의 용맹은 가늠할 수 없습니다.

당신은 모든 것을 이루셨고, 그러기에 당신은 모든 것입니다.

벗이거니 여겨 저는 당신을

'끄르슈나여', '야다와여', '벗이여'라고 제멋대로 불렀습니다.

무심해 또는 사랑해 저는

당신의 고절함을 알지 못했습니다.

추락 없는 이여, 놀이 하며 걸으며 누워 있으며,
앉아 있으며 먹으며, 혼자서 그랬건 여럿이서 그랬건
웃자고 했던 무례한 짓이 무엇이건
가늠할 수 없는 당신께 용서를 구합니다.

당신은 움직이고 아니 움직이는 세상의 아버지입니다.
그들의 숭앙을 받아야 할 분이며 중하기 그지없는 스승입니다.
견줄 데 없는 위용을 갖추신 이여, 당신과 동등한 것은 없습니다.
다른 어떤 더 중한 것이 삼계에 있으리까?

그러하니 찬미 받아 마땅한 주인인 당신이
굽어 살펴 주시기 바라며 몸을 엎드려 절을 올립니다.
신이시여, 아들에겐 아버지요 벗들에게 벗이며
연인에겐 연인인 듯 용서하소서.

이전에 본 적 없던 것을 저는 보았습니다.
제 마음은 두려움으로 휘몰아칩니다.
신이시여, 단지 제가 아는 그 형상만 보여주소서.
신들의 주인이시여, 세상의 집이시여, 굽어 살피소서.

왕관 쓰고, 철퇴 들고, 바퀴를 손에 든 당신을,
이전의 그 모습을 이제 뵈었으면 합니다.
수천의 팔을 지닌 온 세상의 화현이시여,
팔 넷인 그 형상을 다시 한 번 취해주소서.'

성스러운 이가 말했다.

'아르주나여, 나는 내 요가로 그대에게
나의 이 지고의 형상을 보여주었느니.
그것은 빛으로 꽉 찬, 무한하며 태초인 세계의 모습이며
그대 말고는 이전에 누구도 본 적 없는 형상이다.

『베다』로도, 제로도, 학문으로도, 보시로도,
그리고 혹독한 고행으로도 이런 내 모습을
꾸루의 영웅이여, 그대 말고는
사람 사는 세상에서 볼 수 없었느니.

그대가 본 이 무서운 형상에
동요하지도 또 미혹에 빠지지도 말라.
두려움도 희열도 내던져버리고
오직 이런 내 형상만 다시 보아라.'

산자야가 말했다.

"아르주나에게 그렇게 말한 뒤 와아수데와는
본래의 형상을 다시 보여주었습니다.
온화한 형상을 취한 고결한 이는
두려움에 떠는 아르주나를 다시 한 번 달랬습니다."

아르주나가 말했다.
'끄르슈나여, 당신의 이 온화한 인간의 모습을 뵈니 이제 정신을 되
찾고 제 본래 상태로 돌아갈 수 있겠습니다.'
성스러운 이가 말했다.
'그대가 본 나의 이 형상은 참으로 보기 어렵다. 신들도 언제나 애
타게 보고 싶어 하는 모습이구나. 『베다』로도 고행으로도 보시로도 제
사로도 그대가 나를 본 것과 같은 이와 같은 모습은 볼 수가 없느니. 적
을 태우는 아르주나여, 그러나 오로지 박띠[7]로서 이와 같은 나를 진실로
알고 볼 수 있으며 또한 내게 들어올 수 있다. 빤두의 아들이여, 나를
위한 행위를 하고, 나를 위해 지고한 마음을 바치며, 집착을 버리고 삼
라만상에게 적개심을 버리는 이, 그는 내게로 오는 것이다.'

---

7 박띠_ 이어지는 '12장 박띠 요가'의 주를 보라.

12

박띠 요가[*]

भगवद् गीता

* bhakti yoga_ 박띠 요가는 우리말로 옮기지 않고 '박띠bhakti'라는 용어를 그대로 사용한다. 박띠가 품고 있는 뜻이 다양해서 흔히 옮겨지는 '신애信愛'나 '헌신'만으로는 개념이 제대로 표현되지 않기 때문이다. 'bhakti'의 어원은 대개 '바즈bhaj'로 본다. 'bhaj'에는 '~를 숭배하다', '~에 의지하다', '~로 가다, 투항하다' 이외에도 '~에 참여하다', '~와 나누다, 공유하다'라는 뜻이 있다. 따라서 '박띠bhakti'는 '사랑' '헌신' '신애' '동참' '공유' 등의 뜻으로 보면 될 것이다. 사랑이나 애정을 주된 뜻으로 놓고 보면 '박띠'는 '까마kāma'와 흡사한 면이 있지만 까마가 주로 감각적 사랑이나 정서적 교감을 뜻한다면 박띠는 정신적 사랑이나 종교적 원리에의 교감이라고 할 수 있을 것이다. 그리고 신앙이나 신념을 주된 뜻으로 놓고 보면 '박띠'는 '쉬랃다śraddhā'(빠알리어의 삳다saddhā)와 흡사한 면이 있지만 쉬랃다가 종교적 믿음과 신앙이 강해 의례를 제대로 갖춰 제사를 지내고 신을 달래는 것까지 포함한다면 박띠는 신앙과 믿음이기는 하나 의례를 갖추어 신에게 바치는 헌신이라기보다는 내가 신이나 스승의 행위, 윤리 등에 적극적으로 동참하고 그들은 나의 참여를 소중히 여겨 그에 답하는 것으로 볼 수 있다. 따라서 박띠는 누군가를 향한 나의 일방적 헌신과 신앙 혹은 물물교환적 거래라기보다는 누군가와 나의 상호 헌신과 교감과 애정이 더 중점이 된다고 볼 수 있다. 신과 나의 교감과 상호관계는 『베다』 전반에 걸쳐 짙게 나타나고, 철학적 사유를 중시하는 『우빠니샤드』에서 사라졌다 다시 『기따』에 와서 절정에 이른다. 『베다』에서는 주로 쉬랃다를 통해 제주祭主와 제사장이 어떤 요구를 하고, 신이 그에 물질로 응답하는 소위 '나의 필요에 의한 거래'가 형성된다. 따라서 『베다』는 제사를 필요로 하는 '쉬랃다 박띠śraddhā bhakti'라고 할 수 있을 것이다(『기따』 17장 '쉬랃다-뜨라야-위바가 요가'의 쉬랃다는 제례의식과는 관련 없는 단순한 '신념'이라는 뜻이다). 『우빠니샤드』는 신을 향한 헌신보다는 철학적 사유와 그런 사유를 도와주는 스승에 대한 헌신이 더 중요시되기 때문에 스승을 향한 박띠 즉, '구루 박띠guru bhakti'라고 할 수 있을 것이며, 『기따』는 제례의식을 뺀 『베다』의 '쉬랃다식 박띠'에 『우빠니샤드』의 사유를 가미해 참여와 헌신과 사유

를 모두 합한 철학적 자기헌신의 박띠, 즉 '쁘랍쁘띠 박띠praptti bhakti'라고 할 수 있을 것이다. 이런 형태의 박띠는 『기따』 4장 11의 '사람들이 나를 숭앙하면 나는 그 방식 그대로 그들을 존중하고'라는 문구, 그리고 『기따』의 12장 전체에 걸쳐 잘 나타나 있다.

박띠 개념은 불교에도 나타난다. 박띠는 붕경朋敬 혹은 신경伸敬이나 애경愛敬, 경사심敬事心으로 불역佛譯되었다. 불교의 관점은 실상사의 상연스님의 미출간 자료와 논평이 상당한 도움이 될 것 같아 옮겨 적는다.

"와수반두Vasubandhu(세친世親, 316~396년)의 『아비다르마꼬샤-바샤Abhidharma-kośa-bhāṣya』의 한역인 『아비달마구사론』에서 현장玄奘(602~664년)은 그것을 붕경과 신경으로 번역했다.

【玄】 "若言自在，待餘因緣，助發功能，方成因者" 但是朋敬，自在天言."

"만약 자재(천)Īśvara가 공능을 도와 일으키는 다른 인연을 기다려서 비로소 원인을 이룬다고 말한다면, 단지 자재천을 붕경하는 말bhaktivāda일 뿐이다."

— 『구사론』 7권 (분별근품分別根品)

【玄】 "如是有德者雖已滅過去而追伸敬養福由自心生."

"이와 같이 덕 있는 자[부처님]가 비록 사라졌다 할지라도[죽어 없더라도] 신경 bhakti을 따른 (공)양으로, 복은 스스로의 마음으로부터 태어난다."

— 『구사론』 18권 (분별업품分別業品)

그에 반해 같은 작품을 『아비달마구사석론阿毘達磨俱舍釋論』이라는 제명으로 옮긴 진제眞諦(499~569년)는 박띠를 애경愛敬, 경사심敬事心으로 한역했다. 박띠bhakti는 흔히 일본에서 들어온 신애信愛라는 번역어로 통용되는데, 현장과 진제의 것과 달리 경敬이라는 뜻은 없다. 바수반두는 『아비다르마꼬샤-바샤』의 분별업품分別業品 18권에서 당시 붓다의 스투파가 헌신적 예경의 대상이었음을 말하면서 붓다 수투파에 대한 공물의 봉헌과 예경을 포함한 박띠bhakti는 행위자의 내면에 선한 마음을 길러 복을 낳는다고 전한다. 그것은 에고의 점진적 약화라는 측면에서 수행의 방향이며, 경敬이라는 글자가 담고 있는 수양修養이라는 중국적 의미 맥락과도 무관하지 않은 듯하다. 어쩌면 중국의 역경가들은 박띠bhakti의 다양한 함의 안에서 이 점을 적극적으로 드러내려 했는지도 모른다."

† † †

아르주나가 말했다.

'이처럼 언제나 당신께 마음을 매어 두고 박띠로 당신을 섬기는 사람, 그리고 당신의 불멸함과 은재함을 섬기는 사람 중에 누가 요가를 더 능히 안다고 할 수 있습니까?'

성스러운 이가 말했다.

'마음을 나에게 두고, 한결같이 마음을 다잡아 더할 나위 없는 신념으로 나를 섬기는 자들, 그들이 나는 마음이 가장 잘 다잡아진 자라고 여기느니.

그러나 감각기관을 온전히 다스리고 어떤 경우에도 정신을 반듯이 해 삼라만상의 이로움을 위해 애쓰면서, 멸하지 아니하고[8] 설명되지 아

8 멸하지 아니하고_ '악샤라akṣara'를 옮긴 것이다.

니하며9, 은재하고 또 편재하는 것10, 사유되지 아니한 것11, 봉우리에 우뚝 서 있으며12 흔들리지 아니하고13 단단한 것14을 섬기는 자들 또한 오로지 내게 이른다.

은재하는 것에 마음이 매인 자, 그들의 번뇌는 더 클 것이니, 몸 가진 자들이 은재하는 것을 목표로 삼기는 어렵기 때문이다. 그러나 모든 행위를 내게 내려놓고 나를 가장 높은 곳에 두어 다름 아닌 요가15로 나를 염하고 섬기는 자들, 쁘르타의 아들이여, 내게 마음을 단단히 매어둔 그런 자들을 나는 머지않아 죽음과 윤회의 바다에서 건져 올려주리라.

마음을 오로지 내게 두어라. 생각을 내게 들여보내라. 그리하면 반드시 내 안에 머물게 되리라. 다난자야여, 그대가 만약 꾸준히 내게 마음을 둘 수 없다면 요가를 학습함으로써 나를 얻기를 바라여라. 학습하

---

9 **설명되지 아니하며**_ '아니르데샤anirdeśa'를 옮긴 말로, 눈앞에 놓은 듯 지적할 수 없는 것, 말로 표현할 수 없고 설명할 수 없는 것을 말한다.

10 **편재하는 것**_ '사르와뜨라-가sarvatra-ga'를 옮긴 말로, 사방sarvatra을 가는 것ga, 두루 존재하는 이를 뜻한다.

11 **사유되지 ~**_ '아찐띠야acintya'를 옮긴 것으로, 생각할 수 없는 것, 생각 너머에 있는 것을 뜻한다.

12 **봉우리에 ~** 'kūṭastha'를 옮긴 것이다. 대개 은유적 표현으로 보아 불변 또는 항구함으로 번역하나 뒤에 오는 단어와 연결 지어 이 단어 자체가 주는 의미 즉 '꼭대기kūṭa에 머무는 것stha'을 그대로 옮겨도 무방해보인다.

13 **흔들리지 아니하고**_ '아짤라acala'를 옮긴 말로, acala는 '산'을 뜻하기도 한다. 앞의 kūṭastha와 연결해 살피는 것이 적절해보인다.

14 **단단한 것**_ '드루와dhruva'를 옮긴 말로, 확고부동하며 단단히 박혀 있는 것을 의미한다. 앞의 두 단어 kūṭastha와 acala와 연결 지어 '우뚝한 봉우리에 서서도 흔들리지 않고 단단한 것'이라고 옮겨도 좋을 듯하다.

15 **다름 아닌 요가**_ 여기서 말하는 요가는 물론 '박띠 요가'이다.

는 것조차 할 수 없거든 나를 위한 일을 그대의 가장 위에 놓아 두어라.

나를 위한 일을 하는 것만으로도 완성에 이를 수 있으리니. 혹 그것마저 할 수 없다면 모든 행위의 결실을 내려놓고 내 요가에 기대 자아를 다스려라. 배움보다 앎이 나은 것이요, 앎보다 사려함이 우선하며, 사려하는 것보다는 행위의 결실을 버리는 것이 더 낫다. 버림으로써 이내 평온이 찾아드느니.

삼라만상을 미워하지 않고 다정하며, 자비롭고 내 것이라는 생각 없으며, 내가 했다는 생각 없이 기쁨과 괴로움을 같이 대하며 인내하는 자, 항상 만족할 줄 알고 요가를 알며 자신을 다스리는 자, 결심이 단단하고 마음과 정신이 언제나 나를 향해 있으며 박띠로 나를 대하는 자, 그는 내게 소중한 자이다.

세상이 그로 인해 동요하지 않고 그가 세상으로 인해 동요되지 않으며 기쁨과 참지 못함과 두려움과 조바심에서 벗어난 자, 그는 내게 소중한 자이다.

치우침 없고 순수하며 영리하고 중심 있는 자, 근심 없고 만사를 내려놓고 박띠로 나를 대하는 자, 그는 내게 소중한 자이다.

들뜨지 않고 미워하지 않으며 슬퍼하지 않고 애태우지 않는 자, 깨끗하고 더러운 것을 내려놓고 다름 아닌 박띠로 나를 대하는 자, 그는 내게 소중하느니.

적과 벗을 같이 대하며 우러르는 자와 내려 보는 자 없고, 추위와 더위와 기쁨과 괴로움에 늘 같은 마음이며 집착을 버린 자, 비난과 칭송에 평정을 지키고, 말을 삼가며 어떤 것에도 만족하고, 머무는 곳 없으며 한결 같이 박띠로 나를 대하는 자, 그는 내게 소중한 자이다.

바르고, 아므르따 같은 내가 한 이 말을 신봉하는 자, 지극한 신념으로 나를 가장 높은 곳에 놓고 마음을 바치는 자, 그들 모두가 내게 더할 나위 없이 소중한 자이다.'

13

크쉐뜨라-크쉐뜨라즈냐 요가[*]

भगवद् गीता

* kṣetra-kṣetrajña yoga_ '밭과 밭을 아는 자의 요가'.

† † †

성스러운 이가 말했다.

'꾼띠의 아들이여, 이 몸은 "밭"이라고 불리느니, 그것을 아는 자를 "밭을 아는 자"라고 현자들은 말한다. 바라따의 후손이여, 나 또한 "밭을 아는 자"이나 나는 모든 밭을 안다고 알아야 한다. 밭과 밭을 아는 자에 대한 앎이 참된 앎이라고 나는 여긴다. 무엇이 밭인지, 무엇이 그와 같은지, 변화된 형태는 무엇인지, 어디에서 유래한 것인지, 그것을 아는 자는 누구인지, 그 힘은 어떤 것인지 내게서 간략하게 들어보아라.

선인들은 이를 여러 가지 방식으로, 다채로운 찬가[1]로 하나하나 노래했으며, 이유타당하고 단호한 『브라흐마 수뜨라』[2]의 구절들도 이를

---

1 찬가_ '찬다스chandas'를 옮긴 것이다. 찬다스는 대체로 운율이 섞인 『베다』의 찬가를 가리킨다.
2 『브라흐마 수뜨라Branmasūtra』_ 바다라야나Bādarāyaṇa가 지은 것으로 알려져 있으며,

노래했다.

　대원소3, 아만4, 이해5, 은재하는 것, 열 개의 감각기관6과 하나7, 그리고 감각기관의 다섯 대상8, 바라는 마음, 미움, 즐거움, 괴로움, 모여 있는 것9, 의식10, 단단한 마음, 이것들이 간략하게 밭과 그 변형된 형태라고 한다.

　오만하지 않음, 허세부리지 않음, 해치지 않음, 인내, 올곧음, 스승을 섬김, 순수함, 항상함, 자제, 감각대상에 대한 염오染汚 그리고 아만에 빠지지 않음, 태어남, 죽음, 늙음, 병듦, 고통의 나쁜 점을 꿰뚫어 봄, 집착하지 않음, 자식과 아내와 집 등에 대한 지나친 애착을 갖지 않음, 바라는 것과 바라지 않는 것이 생길 때 언제나 평정심을 가짐, 한결 같은 요가를 통한 나에 대한 흔들림 없는 헌신, 한적한 곳을 찾고 사람들이

베단따학파가 바탕으로 삼고 있는 경이기도 하다. 『우빠니샤드』의 정수를 잘 정리해 담고 있는 경이나 여기서 『우빠니샤드』를 언급한 것인지는 모호하다.
3 대원소mahābhūta_ 물질세계를 구성하는 다섯 가지 기본이 되는 원소인 지수화풍공地水火風空, 즉 땅, 물, 불, 바람, 허공을 가리킨다.
4 아만_ '나라는 생각' 또는 '내가 했다는 생각'인 '아항까라ahaṃkāra'를 옮긴 것이다.
5 이해_ 여기서는 '붓디buddhi'를 옮긴 것이다.
6 열 개의 감각기관_ 다섯 가지 감각기관인 안이비설신眼耳鼻舌身, 즉 눈, 귀, 코, 혀, 몸, 그리고 그것들이 바깥 영역을 인식하는 뿌리인 안근眼根, 이근耳根, 비근鼻根, 설근舌根, 신근身根의 오근伍根을 말한다.
7 하나_ 여기서 하나는 오근에 하나를 더한 마음 또는 마음의 뿌리인 의근意根을 뜻한다.
8 다섯 가지 감각대상_ 오근의 대상이자 감각의 영역인 색성향미촉色聲香味觸, 즉 빛, 소리, 냄새, 맛, 느낌의 오경伍境을 일컫는다.
9 모여 있는 것_ '상가따saṅghāta'를 옮긴 것이며, 여기서는 몸, 즉 신체身體를 뜻한다.
10 의식_ '쩨따나cetana'를 옮긴 것이며, 마음이라고도 할 수 있다.

모이는 곳을 싫어함, 자아 너머 자아에 대한 항상한 앎, 참된 앎의 의미를 직시함, 이 모두를 앎이라고 하며 그것이 아닌 것을 무지라고 하느니.

이제 그대에게 알아야 하는 것을 일러주리니, 그것을 알고 나면 아므르따를 얻는 것이다.

시작 없는 지고의 브라흐마, 그것은 존재도 비존재도 아니라고 일컬어진다. 그것은 사방에 손과 발이 있고, 사방에 눈과 머리와 입이 있으며, 세상천지에 귀가 있으니 세상을 온통 휘감고 있다. 모든 감각기관의 기질을 지닌 것으로 보이나 어떤 감각기관도 없으며, 집착이 없으되 삼라만상을 지탱한다. 기질이 없으되 기질을 누리는 것이다.

존재들의 밖에도 안에도 존재하며, 아니 움직이나 또 움직인다. 오묘해 알기 어려운 그것은 멀리 있으나 또 가까이에 있느니. 나뉘어 있지 않으나 존재들 안에서 나뉘어 있는 듯하다. 존재를 키우고 삼키며 지탱하는 그것을 알아야 하느니. 빛들 중 빛이라고 불리는 그것은 어둠 너머에 있다. 그것은 앎이며, 알아야 할 것이고, 앎의 목적이며, 모두의 가슴에 자리하느니.

이와 같이 나는 밭에 대해, 앎에 대해, 알아야 할 것에 대해 간략하게 설하였다. 이를 알아 내게 마음을 바치는 자는 나의 경지에 이르게 되느니.

본연의 성질과 정신[11], 둘 다 시작이 없음을 알 것이며, 변화와 기질

---

11 본연의 성질과 정신_ '쁘라끄르띠prakṛti 뿌루샤puruṣa'를 옮긴 것이다.

은 본연의 성질에서 기인함을 알아라. 본연의 성질은 해야 할 일, 일의 동기, 그리고 행위자[12]에서의 바탕이라고 일컬으며, 정신은 기쁨과 괴로움을 겪는 경험자에서의 바탕이라고 일컫느니. 본연의 성질 안에 머무는 정신은 본연의 성질에서 발생한 기질[13]을 경험하기 때문이다. 기질에 대한 집착은 좋고 나쁜 태에 태어나는 원인이다. 대 주인이자 지고의 자아이며 관망하는 자요 동의하는 자며, 지탱하는 자이자 경험하는 자인 이것을 일컬어 이 몸에 있는 지고의 정신이라고 한다.

이와 같이 정신과 본연의 성질을 기질과 함께 아는 자는 어떤 일을 겪더라도 다시 태어나지 않느니. 혹자는 자아 안에서 자아를 선정으로 보고, 혹자는 자아를 자아로 보며, 혹자는 자아를 헤아림의 요가로, 또 다른 이는 행위의 요가로 본다. 그러나 다른 어떤 이들은 이와 같이 알지 못하고 타인에게서 듣고 자아를 섬긴다. 그들 또한 들은 것을 지고한 것으로 알기에 죽음을 건넌다.

바라따의 황소여, 어떤 존재가 태어나든, 움직이는 것이든 아니 움직이는 것이든 그것은 밭과 밭을 아는 자의 결합 때문임을 알아라. 모든 존재에 공평히 머물며 그들이 멸해도 아니 멸하는 지고의 주인을 보는 자, 그가 보는 자이니. 주인이 어디에나 공평히 머무는 것을 보기에 그는 스스로 자아를 해하지 않고 지고의 경지에 이른다. 오직 본연의 성질

---

12 해야 할 일 , 일의 동기, 행위자_ 'kārya-kāraṇa-kartṛ'를 옮긴 것으로, 목적과 수단과 행위자로 옮겨도 무방하다.
13 기질_ '구나guṇa'를 옮긴 것이다.

만이 모든 행위를 주재하고 있음을, 자아는 결코 어느 것도 주재하지 않음을 보는 자, 그가 보는 자이다. 존재 각각이 하나에서 비롯됨을 볼 때, 그리고 다만 거기에서 퍼져 감을 볼 때, 그는 브라흐만에 이른다.

꾼띠의 아들이여, 시작이 없기에, 기질이 없기에 이 자아는 항상하다. 비록 몸 안에 머무나 행위 하지 않고 젖어들지 않느니. 허공은 어디든 있으나 미세하다 해 더럽혀지지 않듯, 어디에나 머무는 자아는 몸에 있다고 해 더럽혀지지 않는다. 바라따의 후손이여, 태양이 혼자서도 온 세상을 비추듯 밭을 가진 자는 온 밭을 다 비춘다. 앎의 눈으로 밭과 밭을 아는 자의 차이를 이와 같이 아는 자, 또한 본연의 성질로부터 존재들의 해방을 아는 자는 지고의 것에 이르느니.'

14

구나뜨라야위바가 요가[*]

भगवद् गीता

* guṇatrayavibāga-yoga_ '세 기질을 구별하는 요가'.

†　†　†

성스러운 이가 말했다.

'앎 중에서도 위없는 지고의 앎에 대해 다시 한 번 설하리라. 그것을 안 뒤에 수행자들은 이승을 떠나 모두 지고의 완성을 이루었다. 이 앎에 기대 나의 경지에 이르렀고, 세상의 생성에도 태어나지 않았으며, 세상의 소멸에도 애태우지 않았느니.

거대한 브라흐만이 나의 태이며, 나는 그 안에 태아를 놓는다. 바라따의 후손이여, 삼라만상의 태어남은 거기에서 비롯되는 것이니. 꾼띠의 아들이여, 수많은 태에서 어떤 형상이 태어나든 그들의 태는 거대한 브라흐만이며 나는 그들에게 씨를 주는 아버지이다. 사뜨와, 라자스, 따마스, 이 기질들은 본연의 성질에서 나온다. 팔심 좋은 이여, 그것들은 몸에 깃든 불멸하는 자를 몸에 옭아매느니.

무구한 이여, 그것들 중 사뜨와는 더러움이 없기에 밝게 빛나며 병이 없다. 그것은 안락에 대한 집착으로, 앎에 대한 집착으로 (몸에 깃든 자를) 옭아맨다. 라자스는 애착의 속성을 지니며 갈애와 집착의 산물임을 알아라. 꾼띠의 아들이여, 그것은 행위에 대한 집착으로 몸에 깃든 자를 옭아맨다. 바라따의 후손이여, 따마스는 무지에서 생겨나 몸에 깃든 모든 자를 미혹함을 알아라. 그것은 태만, 나태, 잠으로 옭아맨다. 바라따의 후손이여, 사뜨와는 안락에 집착하고, 라자스는 행위에 집착하나 따마스는 앎을 가려서 태만에 집착하느니.

바라따의 후손이여, 라자스와 따마스를 누르고 나서 사뜨와가 생긴다. 라자스는 사뜨와와 따마스를, 따마스는 사뜨와와 라자스를 누르고 나서 생기느니. 이 몸에 있는 모든 문에 앎의 빛이 일 때 사뜨와가 승함을 알아야 한다. 바라따의 황소여, 탐욕, 활동, 일의 착수, 고요하지 않음, 갈망, 이것들은 라자스가 승할 때 일어난다. 꾸루의 기쁨이여, 빛이 없고 활동하지 않으며 태만하고 미혹에 빠져 있는 것, 그것들은 따마스가 승할 때 일어나는 것이다.

사뜨와가 승할 때 몸에 깃든 자가 멸하게 되면 최고의 것을 아는 자들의 더러움 없는 세계를 얻는다. 라자스가 승할 때 멸하게 되면 행위에 집착하는 자들 가운데 태어난다. 마찬가지로, 따마스일 때 멸하게 되면 어리석은 자들 가운데 태어나느니.

선한 행위의 결실은 사뜨와 성질을 지닌 맑은 것이라고들 한다. 그러나 라자스의 결실은 괴로움이며, 따마스의 결실은 무지이다. 사뜨와로부터 앎이 일고, 라자스로부터 탐욕이 일며, 따마스로부터 태만과 미혹과 무지가 인다. 사뜨와에 굳건한 자는 위로 가고 라자스에 있는 자는 중간에 서며, 미천한 기질을 지닌 따마스에 있는 자는 아래로 간다.

기질들 이외에 다른 행위자가 없음을 보는 자는 제대로 보며, 기질

너머의 것을 알아 나의 경지에 이른다. 몸에 깃든 자는 몸과 더불어 생성된 이 세 기질을 건너 태어남과 죽음과 늙음과 고통을 벗어나 아므르따를 누리느니.

아르주나가 말했다.

'주인이시여, 어떤 표식으로 이 세 기질을 건넜음을 알 수 있습니까? 그는 어떤 행동을 취합니까? 이 세 기질을 어찌하면 건넙니까?'

성스러운 이가 말했다.

'빤두의 아들이여, 그는 빛, 활동, 미혹이 있어날 때 싫어하지 않고, 거두어들여질 때 애태우지 않는다. 무심히 앉아 기질들로 인해 흔들리지 않는 자, '기질이 작용하는구나'라고 알아 단단히 서서 반응하지 않는 자, 고락을 하나로 여기는 자, 자신 안에 머물며 흙덩이와 돌덩이와 금덩이를 하나로 보는 자, 기쁘고 아니 기쁜 것을 같이 대하는 자, 사려 깊은 자, 비난과 칭찬을 같이 여기는 자, 우러러보고 깔보는 것을 같이 여기는 자, 동지와 적을 공평히 대하는 자, 시작한 일을 모두 벗어던진 자, 그를 일컬어 기질을 건넌 자라고 한다.

흔들림 없는 헌신의 요가로 나를 섬기는 자는 이 요소들을 넘어 브라흐만이 되기에 알맞다. 나는 죽음 없고 변함없는 브라흐만의 바탕이며, 영구한 다르마와 온전한 행복의 바탕이기 때문이다.'

15

뿌루샤-웃따마 요가[*]

भगवद् गीता

* puruṣottama-yoga_ '위없는 사람의 요가' 또는 '위없는 정신의 요가'. '뿌루샤-웃따마 요가'는 연음법칙에 따라 '뿌루숏따마 요가'로 발음하기도 한다.

† † †

성스러운 이가 말했다.

'뿌리는 위를 향해, 가지는 아래를 향해 뻗은 아쉬와타 나무는 영원하다고들 말한다. 『베다』의 선율을 잎으로 가진 그 나무를 아는 자, 그가 바로 『베다』를 아는 자이다.

위로 아래로 가지를 뻗고
기질로 자라 감각대상을 싹틔우느니.
행위로 얽힌 인간세상에서
뿌리들이 아래로 뻗어 있구나.

그 형체, 이 세상에서 알아차릴 수 없으며
끝없고, 시작 없고, 바탕 없느니.
굳게 뿌리 내린 이 아쉬와타를

무착이라는 단단한 무기로 잘라내고

"나는 태초의 정신에 귀의하느니
그에게서 이 태고의 활동이 비롯되었구나"라며
가서는 다시 돌아오지 않을
경지를 구해야 한다.

자만과 미혹을 떨쳐내고 집착의 허물을 이겨내며
언제나 자아 너머 자아를 들여다보고 모든 욕망을 훌훌 털어
고락이라는 상반된 이원의 사고를 벗어던진 미혹 없는 자,
그는 지고한 불멸의 경지에 이르느니.

태양도 달도 불도 빛내지 못하는 곳, 가서는 다시 돌아오지 않는 곳,
그곳이 내 지고의 거처이다. 나의 일부는¹ 생명 있는 세상에서 그치지
않는 생명이 되어, 본연의 성질에 바탕을 두고 마음을 여섯 번째로 한

---

1 **나의 일부**aṃśa_ 상까라는 이것을 '물에 비친 태양' 또는 '항아리 속의 허공'과 같은 것이
라고 설명한다. 물에 비친 태양은 태양의 일부이나 물이 없어지면 물속의 태양도 사라져 원
래의 태양으로 돌아가는 것처럼, 또는 항아리 속의 허공은 허공의 일부이나 항아리가 깨지면
원래의 허공으로 돌아가는 것처럼 나(끄르슈나)의 일부도 생명 있는 세상에서 각자의 생명
jīva으로 나타나지만 몸이 다하면 그것을 구성하는 요소들과 함께 끄르슈나에게 돌아간다.
물과 항아리가 있는 한 태양과 허공이 비추어 존재하는 것처럼, 몸이 있는 한 나의 일부도
몸에 비추어 존재하며, 그것은 또한 태양과 허공이 존재하듯 생명 있는 세상에서 그치지 않
고 영구히sanātana 존재한다.

감각기관을 끌어당긴다. 주인이 몸을 얻을 때, 그리고 몸을 떠날 때는 그 감각기관을 취해 같이 떠나가느니. 마치 바람이 본디 있던 곳으로부터 향을 취해 가듯이.

청각, 시각, 촉각, 미각, 후각 그리고 또한 마음의 뿌리에 의지해 그는 대상을 좇는다. 떠날 때도, 있을 때도, 기질에 따라 경험할 때도 어리석은 자는 보지 못하나 앎의 눈이 있는 자는 그를 보느니. 매진하는 요긴은 자신 안에 머무는 그를 본다. 그러나 자신을 완성하지 못한 마음 어둔 자는 아무리 애써도 그를 보지 못하느니.

태양에 있는 빛이 온 세상을 비출 때, 또한 달이, 불이 빛을 비출 때 그 빛은 나의 것임을 알아라. 나는 땅으로 들어가 내 기운으로 생명을 지탱하고, 물기 품은 달이 되어 모든 약초를 키우느니. 나는 생명 있는 것들의 몸에 깃들어 소화의 불이 되어 들숨, 날숨과 더불어 네 종류의 음식을 소화시킨다.

나는 모든 이의 가슴에 머무느니.
기억도 앎도 손상도 나로 인함이다.
나는 모든 『베다』를 통해 알아져야 한다. 또한
나는 『베다』의 가지를 만든 자이고, 『베다』를 아는 자이니!

세상에는 두 가지 정신이 있느니. 멸하는 것과 아니 멸하는 것이 그것이다. 멸하는 것은 삼라만상이요, 우뚝한 곳에 있는 자는 아니 멸하는 것이다. 그러나 위없는 지고의 자아라고 불리는 또 다른 정신이 있느니. 그는 삼계에 들어가 그것들을 지탱하는 멸함 없는 주인이다. 멸함을 건너고, 아니 멸함보다도 위에 있기에 나는 세상에서 그리고 『베다』에서 위없는 정신으로 불리느니. 바라따의 후손이여, 미혹되지 않고 나를 이렇듯 위없는 정신으로 아는 자는 모든 것을 알아 마음을 다해 나를 섬긴다. 바라따의 무구한 후손이여, 이렇듯 나는 은밀하고도 은밀한 이 가르침을 그대에게 설하였느니, 이것을 알면 해야 할 일을 모두 마친 현자가 되리라.'

2 **우뚝한 곳에** ~_ '꾸타스타kūṭastha'를 원문 그대로 옮긴 것이다. 순수한 아뜨만의 자질이라고 알려진 이 용어는 그러나 충분한 설명이 되어 있지는 않다. 주석가들은 텍스트에 근거해 이 용어를 '(바람 거센 높은 봉우리에서도) 움직이지 않고 꼿꼿이 서 있는 바위 같은 존재'라고 설명한다. 12장 '박띠 요가'에서도 흡사한 개념이 나타난 바 있다.

16

다이와수라 삼빠드위바가 요가[*]

* daivāsura saṃpadvibhāga-yoga_'신적인 것daiva과 아수라적인 것āsura의 양상을 구별하는 요가'.

† † †

성스러운 이가 말했다.

'두려워 않음, 맑은 기질, 앎의 요가에 굳건함, 베풂, 자제, 희생제, 배움, 고행, 올곧음, 해치지 않음, 진실함, 화내지 않음, 버림, 고요함, 비방하지 않음, 생명에의 자비, 탐욕 없음, 온화함, 겸양함, 변덕 없음, 곧은 기상, 인내, 당당함, 순수함, 혐오 않음, 자만 않음, 바라따의 후손이여, 이것들은 신적인 기질로 태어난 자가 지닌 것이며, 쁘르타의 아들이여, 과시, 오만, 자만, 분노, 모짊, 무지는 아수라적 기질로 태어난 자가지닌 양태이다. 쁘르타의 아들이여, 신적 양태는 해방을 위한 것이요, 아수라적 양태는 옭아매기 위한 것이라 여긴다. 슬퍼 말라. 그대는 신적 기질을 갖고 태어났느니.

쁘르타의 아들이여, 이 세상에는 두 종류의 존재가 있으니, 신적인 자들과 아수라적인 자들이다. 신적인 자들에 대해서는 상세히 설하였고, 이제 아수라적인 자들에 대해 들어라.

아수라적인 자들은 나아가고 거두어들임[1]을 알지 못한다. 순수함도 선행도 진실도 그들에게서는 찾아볼 수 없느니. 그들은 이 세계가 진실 없고, 바탕 없으며, 신도 없고, 상호 연관됨 없이 발생되는 것이라고, 또 "욕망 이외에 다른 어떤 원인이 있으랴?"라고 말한다. 그러한 견해를 지니고 자아가 망가진 자들, 이해가 부족하고 사나운 짓을 하는 자들은 세상에 파멸을 부르는 무익한 자들이다. 그들은 과시와 자만에 도취되어 채우기 어려운 욕망에 자신을 맡기느니. 미혹으로 인해 선하지 않은 견해를 움켜쥐고, 맑지 않은 서원을 세워 움직인다. 육신이 멸할 때까지 헤아릴 수 없는 근심에 마음을 쓰고 욕망의 충족이 더 없이 좋은 것이라고 알아 "그것이 모든 것"이라고 단정한다.

희망이라는 수백의 사슬에 매여 욕망과 분노에 자신을 내맡기고, 호사를 누리려는 욕심 때문에 옳지 않은 수단으로 부를 쌓느니. '오늘 나는 이것을 얻었구나', '마음에 있는 이것을 이루리라', '내게 이것이 있구나', '이 재물 또한 내 것이 되리라', '내가 적을 죽였구나', '다른 놈들도 죽이리라', '나는 호사를 누리는 주인이다', '나는 이루었고, 힘 있으며, 행복하다', '나는 부유하고 태생 좋으니 나와 같은 자 뉘 있으랴?', '나는 제를 올리고 베풀며 즐길 것이다'라며 앎이 부족하고 미혹된 자들은 이렇게 생각하느니.

---

1 **나아가고 거두어들임**_ '쁘라우르띠pravṛtti'와 'nivṛtti'를 옮긴 말로, pravṛtti는 행위vṛtti를 계속해 진행pra하는 것을, nivṛtti는 행위를 그치고 거두어들이는ni 것을 의미한다. 할 것과 하지 말아야 할 것으로 옮겨도 무방하다.

온갖 생각에 혼돈되고 미혹의 그물에 덮인 그들은 욕망과 호사에 빠져 더러운 지옥에 떨어진다. 자신을 추어올리고, 완고하며, 재물에 우쭐하고 도취되어 있는 자들, 그들은 단지 이름뿐인 제를 올리고 눈가림으로 의례를 행하느니. 아만, 힘, 오만, 욕망, 분노에 의지한 자들, 그들은 자신과 타인의 몸에 있는 나를 미워하고 질시하는 자들이다. 나는 미워하고 분노하는 미천하디 미천한 그런 자들을 이 윤회하는 세상에서 더러운 아수라의 태에다 끊임없이 내던지느니.

꾼띠의 아들이여, 세세생생 아수라의 태에 들어간 어리석은 자들은 나를 얻지 못하고, 그리하여 가장 비천한 지경에 이르고 만다. 지옥의 문인 이 세 가지, '욕망, 분노, 탐욕'은 자신을 파멸에 이르게 하느니. 꾼띠의 아들이여, 이 세 가지 어둠의 문에서 벗어난 자, 그리하여 자신의 영예를 위해 거동하는 자는 지고의 경지에 이른다. 경전의 규범을 내던지고 욕망에 따라 움직이는 자, 그는 완성을 이루지 못하고 행복을 얻지 못하며 지고의 경지를 얻지 못한다. 그러하니 경전의 권위에 따라 해야 할 일과 아니 해야 할 일에 굳건해야 하느니. 경전의 규범이 말하는 것을 알아 이 세상에서 행동함이 마땅하리라.'

17

쉬랃다뜨라야위바가 요가[*]

भगवद् गीता

* śraddhātrayavibhāga-yoga_ '세 가지traya 신념śraddhā을 구별하는vibhaga 요가'.

† † †

아르주나가 말했다.

'끄르슈나여, 경전의 규범을 내던지고 제를 지내면서도 여전히 신념을 갖춘 자들의 위치는 어디입니까? 사뜨와입니까? 아니면 라자스나 따마스입니까?'

성스러운 이가 말했다.

'몸에 깃든 자에게는 각자의 기질에서 비롯된 세 가지 신념이 있느니, 사뜨와 기질, 라자스 기질 그리고 따마스 기질이다. 그것들에 대해 들어라. 바라따의 후손이여, 모든 이의 신념은 각자의 본래 기질을 닮아 있다. 사람은 신념으로 이루어져 있느니, 어떤 신념을 가졌느냐가 바로 그 사람인 것이다.

사뜨와 기질을 지닌 자는 신에게 제를 올리고, 라자스 기질을 지닌 자는 약샤와 락샤사에게, 그 외 따마스 기질의 자는 귀신과 악귀 무리에 제를 지낸다. 완고함과 아만에 가득차고 욕망과 애착의 힘에 휘둘려 경전의 규범에도 없는 무서운 고행을 하며 자신을 괴롭히는 사람, 몸에 있는 온갖 요소를 생각 없이 괴롭히고, 몸 안에 있는 나를 괴롭히는 자는 아수라의 결의를 가진 자로 알아라.

각자가 좋아하는 음식 또한 세 가지이며, 제사와 고행 그리고 베풂 또한 그러하다. 그들을 구분하면 이러하니 들어라. 수명과 기력과 힘과 강건함과 편안함과 기쁨을 키워주는 음식, 맛좋고 기름지며 단단하고 마음이 차는 음식은 사뜨와 기질의 사람이 좋아한다. 쓰고 시고 짜고 지나치게 맵고, 자극적이고 거칠고 타는 듯한 음식은 라자스 기질의 사람이 즐겨 찾으며 고통과 근심과 질병을 일으킨다. 지나치게 익히고 맛이 달아났으며, 상하거나 밤을 넘긴 음식, 먹다 남긴 맑지 않은 음식은 따마스 기질의 사람이 즐긴다.

결실을 바라지 않고 의례에 제시된 대로 제를 지내며, 제를 지내야 한다는 것에만 마음을 모으는 것은 사뜨와 기질의 제이다. 바라따의 훌륭한 후손이여, 결실을 바라고 허세로 제를 지내면 그것은 라자스 기질의 제로 알아야 한다. 의례가 빠지고, 음식을 나누지 않으며, 진언이 빠지고, 사례가 없으며, 신념을 버린 제는 따마스 기질의 제라고 하느니.

신과 브라만과 스승과 현자를 섬기며, 순수하고 올곧으며 금욕하고, 아니 해치는 것을 몸에 대한 고행[1]이라고 한다. 자극하지 않으며 진실하고, 사랑스러우며 이로운 말을 하고, 『베다』를 공부하는 것을 말에 대한

---

1 고행_ '따빠스tapas'를 옮긴 것으로 '고행' 또는 '태움'이라는 뜻을 갖고 있지만 문맥이나 어감상 올바른 고행 또는 수행 정도의 뜻이 옳을 듯하다.

고행이라고 이른다. 마음이 고요하고 온화하며 말을 아끼고, 자신을 다스리며 기질이 맑은 것을 가리켜 마음의 고행이라고 이른다. 지고의 신념을 가진 사람이 결실을 바라지 않고 이 세 가지 고행을 할 때 이를 사뜨와 기질의 고행이라고 한다. 떠받듦과 우러름과 공경을 얻으려 허세로 하는 고행, 이를 일컬어 흔들리고 불안정한 라자스 기질의 고행이라고 한다. 어리석음에 붙들려 자신을 괴롭히면서 하는 고행, 또는 타인을 뒤엎기 위해 하는 수행을 일컬어 따마스 기질의 것이라고 한다.

'베풀어야 한다'라는 생각으로 되갚지 못할 사람에게 베푸는 것, 때와 장소에 맞게 베푸는 것, 그릇이 되는 자에게 베푸는 것은 사뜨와 기질의 베풂이라고 전해진다. 갚을 수 있는 사람에게 베푸는 것, 결실을 바라거나 마지못해 베푸는 것은 라자스 기질의 베풂이라고 기억되어져 온다. 때와 장소에도 맞지 않고, 받을 그릇도 되지 아니한 자에게 베푸는 베풂, 진실한 마음이 없고 제대로 된 앎도 없이 베푸는 베풂을 따마스 기질의 것이라고 부른다.

'옴', '따뜨', '사뜨'[2], 이것이 브라흐만의 세 가지 칭호로 전해져온다. 오래 전 브라만과 『베다』와 제가 그것으로 만들어졌느니. 그러기에 브라흐만을 말하는 자는 언제나 '옴'이라고 읊조리며 의례에 정해진 바에 따라 제와 베풂과 고행의 행위를 시작한다. 해탈을 바라는 자는 여러

---

2 '옴', '따뜨', '사뜨'_ 태초의 음절이라고 전해지는 신성한 소리 '옴'은 브라흐마의 창조성을, '따뜨tat'는 이것이나 저것이 아닌 바로 '그것'이라는 뜻으로 이쪽(신들)도 저쪽(아수라)도 아닌 창조주 브라흐마의 공평성을, '사뜨sat'는 '진실' 또는 '있음'이라는 뜻으로 브라흐마의 진실성을 나타낸다.

가지 제를 지내고 '따뜨'라 읊조리며 결실을 겨냥하지 않고 고행과 제와 베풂의 행위를 한다. 쁘르타의 아들이여, '사뜨'는 참된 기질, 좋은 기질 이라는 뜻과 연관이 있다. '사뜨'라는 단어는 또한 칭송받을 만한 행위 와도 연관된 것이다. 제에서, 고행에서, 베풂에서 굳건함을 '사뜨'라고 부르느니. 또한 그러한 목적을 지닌 행위도 '사뜨'라고 칭한다. 쁘르타 의 아들이여, 신념 없이 제를 지내고, 베풂을 행하고, 고행하는 것은 '아 사뜨'[3]라고 한다. 그것은 이승에서건 저승에서건 아무 의미도 없느니.'

---

3 아사뜨asat_ '사뜨sat가 아닌', 즉 '참되지 않은'이라는 뜻이다.

18

목샤-산야사 요가*

भगवद् गीता

* mokṣa-saṃyāsa-yoga_ '해탈과 버림의 요가' 또는 '해탈을 위한 버림의 요가'

† † †

아르주나가 말했다.

'팔심 좋은 이여, 버림의 본질이 무엇인지 알고 싶습니다. 께쉰을 누른 이[1]여, 내려놓음[2]은 또 무엇인지 각각 알았으면 합니다.'

성스러운 이가 말했다.

'욕망에서 기인한 행위[3]를 내다 버릴 때 시인[4]들은 이를 '버림'이라

---

1 께쉰을 누른 이keśiniṣūdana_ 끄르슈나가 께쉰이라는 아수라를 죽이고 얻은 별칭이다.

2 버림 ~_ 버림은 '산야사samyāsa'를, '내려놓음'은 '띠야가tyāga'를 옮긴 것이다. 두 단어는 흡사한 뜻이나 사전적으로 산야사는 '모든 것을 포기하고 버리는 것'을, 띠야가는 '자기가 가진 것을 자비로 버리고 베푸는 것'을 뜻한다.

3 욕망에서 ~_ '까미야 의례kāmya-karman'를 뜻한다. 까미야 의례는 '어떤 특정한 대상을 염두에 두고 결실을 바라며 행하는' 의례의식이다.

4 시인_ '까위kavi'를 옮긴 것이며, 시인이라는 뜻 외에 짓는 자, 지혜로운 자, 성자, 예지자 등의 뜻이 있다. 굳이 시인으로 옮긴 까닭은 너무나 많은 싼스끄리뜨 단어들이 지혜로운 사람이라는 뜻이 있어서이다. 뒤의 단어들도 각자가 본래 뜻하는 바대로 옮긴다.

고 한다. 행위의 모든 결실5을 내려놓을 때 혜안 있는 이들6은 이를 내려놓음이라고 하느니. 마음 맑은 어떤 이7들은 행위는 모두 허물이 있기에 내려놓아야 마땅하다고 하고, 또 다른 이들은 제와 베풂과 고행의 행위는 내려놓으면 안 된다고 한다.

바라따의 훌륭한 후손이여, 범 같은 사내여, 어떤 것이 내려놓음인지에 대한 나의 결정에 대해 들어라. 내려놓음에는 세 종류8가 있다고 말해져왔다. 제와 베풂과 고행의 행위는 내려놓아서는 안 된다. 그것들은 반드시 행해야 하느니. 제와 베풂과 고행만이 마음 맑은 이들을 맑히는 것이기 때문이다. 쁘르타의 아들이여, 그러나 그런 행위들마저 집착과 결실을 내려놓은 뒤에 행해야 한다. 이것이 내가 내리는 더없는 결정이다.

해야 하는 행위를 버리는 것은 적절치 않다. 미혹으로 인해 그것을 내려놓는 것을 나는 따마스 기질이라고 천명하느니. 괴롭다고 여겨, 육신의 고통에 대한 두려움 때문에 그러한 행위를 내려놓는다면 그는 라자스 기질의 내려놓음을 행했기에 내려놓음의 결실을 얻지 못한다. 아르주나여, 해야 하는 일이라고 여겨 집착과 결실을 내려놓고 늘 하는 일을 하면 나는 그런 내려놓음이 사뜨와 기질의 것이라고 여기느니. 잘 정

---

5 행위의 모든 결실_ '정해진 의식을 하면 그에 상응하는 것을 얻는' 의례를 뜻한다.
6 혜안 있는 이들_ '위짝샤나vicakṣaṇa'를 옮긴 것으로 '두루vi 보는 눈을 지닌 자cakṣaṇa'이다.
7 마음 맑은 자_ '마니쉰maṇiṣin'을 옮긴 것이며 '마음manas을 지닌' 자라는 뜻이다.
8 세 가지 종류_ 아래 언급되는 사뜨와, 라자스, 따마스 세 종류의 내려놓음이다.

돈된 사뜨와 기질로 내려놓는 자, 의심을 끊은 사려 깊은 자는 마음에 맞지 않은 행위를 꺼리지 않고, 마음에 맞는 행위에 매달리지 않는다. 몸을 가진 자가 행위를 모조리 내려놓을 수는 없기에, 다만 행위의 결실을 내려놓는 자, 그를 일컬어 '내려놓는 자'라고 한다.

행위의 세 가지 결실, 즉 마음에 맞는 것, 마음에 맞지 않는 것, 그리고 이 둘이 섞인 것. 그것들은 내려놓지 못한 자가 몸을 떠난 뒤 얻는 것이다. 그러나 버리는 자에게는 결코 그런 결실이 생기지 않느니.

팔심 좋은 이여, 모든 행위의 완성을 이루기 위해 상키야[9]의 교의에서 말하는 다섯 가지 원인을 내게 배워라. 대상의 바탕[10], 행위자, 각종 수단, 온갖 다양한 움직임, 그리고 다섯 번째인 운명이 그것들이다. 사람이 몸과 말과 마음으로 하는 행위가 무엇이건, 올바른 것이건 그와 상반되는 것이건 이들 다섯이 원인이다. 이러한즉 이해가 충분치 못해 오직 자기 자신만이 행위자라고 보는 자는 마음이 어두워 제대로 보지 못하는 자이다. 아만적 성품이 없고 이해가 물들지 않은 자[11]는 죽이더라도 죽이는 것이 아니며 행위에 매이지도 않는다. 앎, 알아야 하는 것[12], 아는 자[13]는 행위 하도록 자극하는 세 가지이다. 행위의 도구와 행위와

---

9 상키야_ 수론數論 또는 헤아림의 이론이라고 옮겨 쓰기도 한다.
10 대상의 바탕_ '아디슈타남adhiṣṭhanaṃ'을 옮긴 것이며, 기초, 토대라는 뜻으로 여기서는 몸, 또는 육신을 뜻한다.
11 이해가 ~_ 'buddhir-lipyate'를 옮긴 것으로, 이성 또는 지성이나 이해력이 더러움에 물들지 않은 자, 즉 이성이 더럽혀지지 않은 자를 뜻한다.
12 알아야 하는 것_ '즈네야ñeya'를 옮긴 것으로, 알아야 할 것, 즉 앎의 대상으로 이해된다.
13 아는 자_ '빠리즈냐따parijñātā'로, 앎의 주체로 이해된다.

행위자는 행위를 구성하는 세 가지이다.

기질을 다루는 상키야에서는 앎, 행위, 행위자가 기질을 구분하는 세 가지라고 말한다. 그에 대해 있는 그대로를 들어라. 모든 존재 중에서 멸하지 않는 하나를 보고, 나뉜 것 중에서 나뉘지 않은 것을 본다면 그런 앎을 사뜨와 기질의 것으로 알아라. 그러나 삼라만상 중에서 각각의 성질에 따라 각각의 다양한 성품을 보는 것은 라자스 기질의 앎임을 알아라. 그리고 근거 없이 하나의 대상에 매달려 실상이 아닌 사소한 것을 전부인 양 하는 것은 따마스 기질의 것이라고 알아라.

결실을 탐하지 않는 자가 정해진 일을 집착 없이, 애착과 미움 없이 하는 것을 사뜨와 기질이라고 하느니. 그러나 아만으로 가득한 자가 욕망을 좇으며 숱한 노력을 기울여 하는 행위, 그것은 라자스 기질의 것이라고 일컫는다. 뒤따르는 결과, 손실, 해, 역량을 살피지 않고 미혹으로 인해 시작한 일, 그것은 따마스적인 것이라고 한다.

집착에서 벗어나 '나'를 고집하지 않으며 당당함과 힘을 지니고, 성공과 실패를 개의치 않는 행위자, 그를 일컬어 사뜨와 기질을 지닌 자라고 한다. 애착이 있으며 행위의 결실을 구하는 탐심 있는 자, 자신을 해하고, 맑지 않으며, 기쁨과 슬픔에 휘둘리는 행위자, 그를 일컬어 라자스 기질을 지닌 자라고 한다. 제멋대로이고 저속하며 완강하고 협잡하며 방만하고 게으른 데다 기죽어 있고 느려 터진 행위자를 일러 따마스 기질을 가진 자라고 한다.

다난자야여, 이해와 당당함[14]에 관한 세 가지 구분에 대해 기질에 따라 하나하나 빠짐없이 설할 테니 들어보아라. 쁘르타의 아들이여, 활동할 때와 하지 않을 때, 일 해야 할 때와 하지 말아야 할 때, 두려워하고 아니 두려워 할 때, 묶을 때와 풀어놓을 때를 아는 이해가 사뜨와 기질이다. 쁘르타의 아들이여, 다르마와 아다르마, 그리고 해야 할 일과 아니 해야 할 일을 제멋대로 해석하는 이해, 그것은 라자스 기질이다. 쁘르타의 아들이여, 어둠에 덮여 아다르마를 다르마라고 여기고, 모든 것을 거꾸로 여기는 이해, 그것은 따마스 기질이라고 한다.

쁘르타의 아들이여, 흔들림 없는 요가로 마음과 호흡과 감각기관이 하는 일을 지탱하는 당당함은 사뜨와 기질의 것이다. 아르주나여, 다르마, 까마, 아르타[15]를 집착으로 꽉 지탱하며 결실을 바라는 당당함은 라자스 기질의 것이다. 분별없는 자가 잠, 두려움, 슬픔, 낙담, 도취를 벗어버리지 않는 당당함은 따마스 기질의 것이니.

바라따의 황소여, 이제 내게서 세 가지 행복에 대해 들어라. 그것은 즐거움을 배우고 고통을 끝에 이르게 하느니. 처음엔 독과 같으나 끝은 아므르따 같은 것, 그런 행복을 사뜨와 기질의 것이라고 한다. 그것은 자신의 이해를 차분하게 하는 데서 비롯되느니. 감각이 대상과 접촉함으로써 오는 행복, 처음엔 아므르따 같지만 결국 독과 같은 행복은 라자스 기질의 것으로 전해진다. 잠과 게으름과 나태함에서 비롯된 행복, 처음도 또 이어지는 결과에서도 자신을 미혹시키는 그런 행복은 따마스 기질의 것이라고 일컫는다. 지상에도 천상에도 또한 신들 중에서도 본

14 당당함_ 'dhṛti'를 옮긴 것으로, 의연함, 단호함, 굳건함 등이라는 뜻이다.
15 다르마, 까마, 아르타_ 차례로 법과 도리, 세욕世欲과 욕정, 부와 재물을 뜻한다.

연의 성질에서 기인한 이 세 기질을 벗어나는 존재는 없느니.

적을 태우는 이여, 브라만, 크샤뜨리야, 와이샤, 슈드라의 행위는 자성에 바탕을 둔 기질에 따라 구분된다. 평온, 자제, 고행, 수수함, 인내, 꿋꿋함, 앎, 분별지, 믿음은 자성에 바탕을 둔 브라만의 행위이다. 용맹, 기력, 당당함, 전투에 능함, 움츠리지 않음, 베풂, 주인으로서의 기질은 자성에 바탕을 둔 크샤뜨리야의 행위이다. 농사, 목축, 사고 팜은 자성에 바탕을 둔 와이샤의 행위이다. 또한 섬기는 것은 자성에 바탕을 둔 슈드라의 행위이니. 각자의 행위에 마음을 다하는 사람은 완성을 이룬다. 제 일에 전념한 자가 어떻게 완성을 이루는지에 관해 들어라.

존재들의 거동이 그로부터 기인하며, 이 모든 것이 그로 인해 퍼져 있는 이, 그런 이를 자신의 행위로 숭앙하는 사람은 완성을 이룬다. 좀 부족한 자신의 율법이 잘 행해진 타인의 율법보다 낫느니. 각자의 자성에 따라 정해진 행위를 하면 곤경에 처하지 않는다. 꾼띠의 아들이여, 비록 허물이 있더라도 본디 갖고 태어난 행위를 버려서는 안 된다. 불이 연기에 싸이듯 시작한 모든 일은 허물이 있기 때문이다. 어떤 것에도 매이지 않는 이해를 갖춘 사람, 자신을 다스리며 갈망이 사라진 사람은 버림으로써 지고한 무위의 완성에 이른다.

꾼띠의 아들이여, 사람이 어떻게 완성에 이르러 지고하고 완전한 앎인 브라흐만을 얻는지 내게서 간략하게 들어라.

잘 붙들어 둔 맑은 이해로 자신을 단단히 다스리고, 소리 등의 감각 대상을 버린 뒤, 애착과 미움을 떠나 인적 드문 곳에 찾아들어 가볍게 먹고, 말과 몸과 마음을 다스리며, 항상 선정의 요가에 집중해 애욕을 벗어나는데 마음을 쏟는 자, 아만, 힘, 오만, 욕망, 분노, 취착을 버리고 '내 것'이라는 생각에서 벗어난 고요한 자, 그가 브라흐만 되기에 적합하느니. 그는 브라흐만이 되어 고요한 마음으로 슬퍼하지 않으며 갈망하지 않는다. 삼라만상에 공평하고 내게 마음을 바치며 지고의 것을 얻는다. 마음을 바침으로써 내가 실로 어느 정도이며 누구인지 알게 되느니. 있는 그대로 나를 안 뒤에 그는 곧 내게 들어온다.

내게 모든 행위를 마음으로 내려놓고, 나를 최고로 여기며, 이해의 요가에 기대어 마음을 한결같이 내게 두어라. 마음을 내게 둠으로써 그대는 나의 은총으로 모든 역경을 건너리라. 그러나 만약 아만으로 인해 이 말을 듣지 않는다면 파멸에 이르리니. 아만에 사로잡혀 '싸우지 않으리라'라고 생각한다면 그 확신은 거짓된 것이다. 그대의 본연의 성질이 그대에게 명하리니. 꾼띠의 아들이여, 그대는 자성에서 일어난 자신의 행위에 매여 있기에 미혹으로 인해 그대가 하기를 원치 않아도 어쩔 수 없이 하게 될 것이다. 아르주나여, 만물의 주인16은 삼라만상의 심장 안에 있느니. 그는 기구 위에 올라타 있는 삼라만상을 신묘한 힘으로 움직이게 한다. 바라따의 후손이여, 그대의 존재 전부로 오직 그에게 귀의하라. 그의 은총으로 더없이 평온한 영원의 거처에 이르리라.

이처럼 나는 오묘한 것보다도 더 오묘한 앎을 설했다. 이를 빠짐없이 되뇌어보고 그대가 하고자 하는 것을 해라. 모든 것 중 가장 오묘한

---

16 만물의 주인_ '이쉬와라 iśvara'를 옮긴 것으로, 보통 모든 것을 지배하는 주인 또는 신을 뜻한다.

내 지고의 말을 더 들어라. 그대는 내게 소중하기에 그대에게 이로운 말을 하는 것이니. 마음을 내게 두고 내게 마음을 바치며, 내게 제를 올리고, 나를 경배해라. 그대는 진실로 오로지 내게 오리니. 다짐해 말하거니와 그대는 내게 소중하구나. 모든 다르마를 버리고 오직 내게만 귀의해라. 내가 그대를 모든 죄악에서 벗어나게 하리라. 슬퍼 말라. 이것은 고행하지 않는 자에게는, 마음을 바치지 않는 자에게는, 듣지 않으려는 자에게는, 나를 시기하는 자에게는 어떤 경우에도 말하지 않아야 하느니. 나에게 지고한 헌신을 바치며, 나에 대한 헌신으로 이 지고한 비밀을 말하는 자, 그런 자는 한 치의 의심도 없이 내게 올 것이다. 그러므로 인간세상에서는 어떤 자도 내게 그보다 더 소중한 일을 하지는 못할 것이며, 따라서 이 땅에서 내게 그보다 더 소중한 다른 어떤 자도 없으리라.

우리의 이 법다운 이야기를 배우는 자에게서 나는 앎의 제로 공양받은 것이라고 여기느니. 신념 있고 질시 없는 사람은 그것을 듣는 것만으로도 해방될 것이며 공덕지은 자들이 가는 순수한 세상을 얻으리라.

쁘르타의 아들이여, 그대는 마음을 한곳에 모으고 이 말을 잘 들었는가? 다난자야여, 미혹에서 비롯된 그대의 무지는 사라졌는가?'

아르주나가 말했다.

'추락 없는 이여, 미혹은 사라졌습니다. 당신의 은총으로 기억을 얻었습니다. 의심을 끊고 저는 단단합니다. 당신의 말씀을 행하겠습니다.'

산자야가 말했다.

"소인은 와수데와의 아들과 고결한 쁘르타 아들 간의 털을 곤두서게 하는 이와 같은 놀라운 이야기를 들었습니다. 위야사의 은총으로 소인은 오묘하기 그지없는 이 이야기를 들었습니다. 요가의 주인 끄르슈나가 눈앞에서 몸소 하신 말씀이었습니다. 왕이시여, 끄르슈나와 아르주나의 성스럽고 경이로운 이 이야기를 기억하고 기억할 때마다 소인은 기쁘고 또 기쁩니다. 왕이시여, 또한 하리[17]의 경이로운 형상을 기억하고 기억할 때마다 너무나도 놀라워 기쁘고 또 기쁩니다. 요가의 주인 끄르슈나가 있는 곳, 활잡이 쁘르타의 아들이 있는 곳에 영예와 승리와 번성과 명료한 통치가 있다고 소인은 생각하나이다."[18]

---

17 하리hari_ 인드라, 브라흐마, 쉬와, 야마 등 여러 신의 별호이나 주로 위슈누와 그의 화신인 라마, 끄르슈나 등에게 쓰인다. 황갈색 또는 황록색이라는 뜻과 더불어 '(마음을) 끄는 hara 자'라는 뜻도 있다.
18 ~ 생각하나이다."_ 여기까지가 일반적으로 통용되는 『바가와드 기따』의 끝으로 받아들여진다.

유디슈티라, 어른들께 축원을 청하다

महाभारत

* 『마하바라따』에서 『바가와드 기따』에 바로 이어지며 전쟁의 시작을 알리는 이 장은 독립된 『기따』에는 일반적으로 포함되지 않는다.

† † †

산자야가 말했다.

"한편, 다난자야가 간디와 활과 화살을 든 것을 보고 대전사들은 다시 한 번 함성을 질렀습니다. 빤다와들, 소마까들[1], 그리고 그들을 따르는 영웅들이 환호하며 바다에서 가져온 소라고둥을 불었지요. 그에 따라 작은 북, 손에 든 북, 마주 치는 북, 소뿔 등이 한꺼번에 울려 세찬 소리를 뿜어댔답니다. 인간들의 왕이시여, 그러자 신들과 간다르와들, 조상들, 싣다들, 짜라나[2] 무리들이 그 모습을 보려고 모여들었지요. 백 번의 희생제를 지낸 인드라를 위시해 희생제에서 큰 몫을 받는 선인들도 대살육을 지켜보기 위해 모여든 것입니다.

---

1 소마까들_ 빤다와 측에서 싸우는 빤짤라들과 동일시되기도 하고 그들의 소족으로 구분되기도 한다.
2 짜라나cāraṇa_ 방랑무희나 배우 또는 가수 또는 가무를 즐기는 천신을 지칭한다.

한편 왕이시여, 유디슈티라는 전투를 위해 모여드는 바다 같은 양쪽 군대를 거듭 바라보더니 갑옷을 풀고 빼어난 무기들을 내려놓았습니다. 서둘러 전차에서 내린 영웅은 두 발을 땅에 딛고 서서 두 손을 모았지요. 할아버지를 본 다르마의 왕 유디슈티라는 적군이 있는 동쪽을 향해 말없이 걸었습니다. 그가 걷는 것을 본 꾼띠의 아들 다난자야도 황망히 전차에서 내려 형제들과 함께 뒤따라갔지요. 성스러운 와아수데와도 뒤를 따랐고, 그 뒤를 왕들이 차례차례 기꺼이 따라갔습니다."

　이어지는 산자야의 이야기는 이러하다.

　아르주나가 말했다.
　'왕이시여, 무슨 생각을 품고 우리를 둔 채 걸어서 적진을 향해 동쪽으로 가시나요?'
　비마세나가 말했다.
　'인드라 같은 왕이시여, 갑옷도 무기도 내려놓고 어디를 가십니까? 왕이시여, 적군은 이빨을 드러내고 있는데 형제들을 두고 말입니다.'
　나꿀라가 말했다.
　'바라따의 후예시여, 맏형인 당신의 이러하심이 제 심장을 두려움에 떨게 합니다. 말씀해주십시오. 대체 어디를 가시나요?'
　사하데와가 말했다.
　'왕이시여, 싸워야 하는 이때, 엄청난 위험이 도사리는 이 혼잡한 전장에서 적에게 얼굴을 향하고 당신은 어디로 가시나요?'

산자야가 말했다.

"꾸루의 기쁨이시여, 유디슈티라는 형제들에게서 이런 말을 들으면서도 아무 말 없이 그저 걸어갈 뿐이었습니다. 고결한 대지혜인 와아수데와가 웃음을 띠며 그들에게 말했습니다.

'그가 무엇을 하려는지 나는 알고 있느니. 비슈마, 드로나, 가우따마, 샬리야, 그리고 어른들 모두에게 허락을 받고나서 적과 싸우려는 것이지. 공공연한 전투에서 어른들의 허락을 받지 않고 싸우는 자는 윗사람들에게서 멸시 당한다는 것이 오래전부터 들려오는 말이니! 가르침에 따라 허락받은 뒤 윗사람들과 싸우는 자는 반드시 전투에서 승리를 거두리라고 나는 생각하느니.'

끄르슈나가 다르따라슈트라 진영을 향해 가며 이렇게 말하는 와중에 한쪽에서는 아이고, 아이고 탄식하는 큰 소리가 터져 나왔고, 다른 쪽에서는 아무 말도 나오지 않았답니다. 유디슈티라가 오는 것을 멀리서 본 다르따라슈트라 병사들은 서로 서로, '망했네. 그가 가문을 망친 자가 된 게야. 유디슈티라는 분명 두려워 비슈마 대장께 오는 게지. 형제들과 함께 자비를 구하려는 게야. 다난자야 빤다와가 있고, 늑대 배, 나꿀라, 사하데와가 지키는데 유디슈티라 빤다와는 어찌 두려워 오는 것일까? 전장에서 벌벌 떠는 쪼그라든 심장을 가졌다면 그는 필시 세상에 이름을 떨친 크샤뜨리야 가문에서 태어난 것이 아닌 게지'라며 말을 섞었답니다.

이제 그들 크샤뜨리야들은 기쁨에 가슴이 차올라 모두 까우라와를 칭송하며 각자의 천을 흔들어댔습니다. 백성을 지키는 분이시여, 그리하여 전사들은 모두 유디슈티라와 형제들, _끄르슈나_를 함께 묶어 비아냥거렸답니다. 백성을 지키는 분이시여, 그러나 유디슈티라를 비난하던 까우라와 병사들은 이내 입을 다물었습니다. '왕이 무슨 말을 할까?', '비슈마는 뭐라 답할까?', '전투에 칭송 자자한 비마는 뭐라 말할까?', '_끄르슈나_와 아르주나는 또?', '그는 무엇을 마음에 품고 있을까?'

왕이시여, 유디슈티라를 향해 이런저런 엄청난 의혹이 양쪽 진영에 일었으나 형제들에게 에워싸인 유디슈티라는 말없이 화살과 무기가 뒤엉킨 적진 깊숙한 곳, 비슈마를 향해 갔습니다. 빤다와 왕은 그런 뒤 두 손으로 발을 꾹 누르고는 전투를 위해 출격하려는 샨따누의 아들 비슈마에게 말했지요."

이어지는 산자야의 이야기는 이러하다.

유디슈티라가 말했다.
'범접할 수 없는 이여, 당신과 전투할 수 있도록 허락해주십시오. 다정하신 할아버지여, 제게 허락을 내리시고 축복을 주십시오.'
비슈마가 말했다.
'이 땅을 지키는 바라따의 후손이여, 그대가 만약 전투를 위해 이렇게 내게 오지 않았으면, 대왕이여, 나는 그대가 완전한 패배에 이르도록 저주를 내렸을 것이오. 친애하는 왕이여, 기쁘오. 빤두의 후손이여, 싸우시오. 승리를 얻으시오. 이 전장에서 그대가 구하는 것은 무엇이건 얻게 되리니. 쁘르타의 아들이여, 소원을 말해 보시오. 내게서 무엇을 바라는가? 대왕이여, 이리 되었으니 그대에게 패배는 없으리. 대왕이여, 사람은 재물의 종이지만 재물은 사람의 종이 아니라는 것이 진리요. 나는 까우라와들에게 재물로 묶여 있소. 꾸루의 기쁨이여, 그러기에 나는 단지 내시처럼 말할 뿐이오. 꾸루의 후손이여, 나는 재물에 붙들려 있소. 전투에 관한 것 말고 달리 바라는 것은 또 무엇이오?'

유디슈티라가 말했다.

'크고 큰 지혜를 지니신 이여, 제게 조언해주십시오. 당신은 항상 제 이로움을 바라십니다. 꾸루의 후손들[3]을 위해 싸워주십시오. 그것이 제가 항상 바라는 소원입니다.'

비슈마가 말했다.

'왕이여, 꾸루의 기쁨이여, 내가 그대에게 무엇을 도울 수 있겠는가? 나는 그대의 적들을 위해 싸우려 하거늘! 무엇을 말하고자 하는가? 말하시오.'

유디슈티라가 말했다.

'어찌하면 전투에서 당신을 물리칠 수 있습니까? 제가 잘되기를 바라신다면 제게 이로운 말씀을 해주십시오.'

비슈마가 말했다.

'꾼띠의 아들이여, 전장에서 나에 대적해 이기는 자를 나는 누구도

---

3 꾸루의 후손들_ 여기서 유디슈티라가 말하는 후손들 즉, 까우라와들은 빤두의 아들들과 드르따라슈트라의 아들들 모두를 뜻한다.

보지 못했느니. 백 번의 희생제를 지낸 인드라가 현신한다 해도 그러하거늘 사람이야 일러 무엇하리?'

유디슈티라가 말했다.

'아아, 할아버지시여, 그러기에 당신께 여쭙는 것입니다. 당신께 절하옵니다. 적들이 전장에서 당신을 무슨 수를 써야 이길 수 있을지 말씀해주십시오.'

비슈마가 말했다.

'왕이여, 나는 전장에서 나를 이길만한 어떤 적도 보지 못했소. 내 죽음의 시간이 아직 이르지 아니하였느니. 이제 돌아가시오.'

산자야가 말했다.

"꾸루의 기쁨이시여, 그리하여 유디슈티라는 머리 숙여 비슈마의 말을 받아들였습니다. 다시 한 번 절을 올린 뒤, 팔심 좋은 그는 아우들과 함께 전군이 지켜보는 가운데 스승의 전차를 향해 갔답니다. 범접키 어려운 드로나에게 절한 뒤 오른쪽으로 돌아 예를 표한 그는 자신의 이로움을 위해 말했습니다. '성스러운 분이여, 고통 없이 싸울 수 있도록 당신의 허락을 구합니다. 브라만이시여, 당신의 허락으로 적에게 승리하려 합니다.'"

이어지는 산자야의 이야기는 이러하다.

드로나가 말했다.

'싸울 결심을 하고서도 그대가 만약 내게 오지 않았다면, 대왕이여, 나는 어떻게든 그대가 패배하도록 저주했을 것이오. 무구한 유디슈티라여, 나는 그대가 예를 갖추어 흡족하오. 허락하오. 싸우시오. 승리를 거두시오. 그대가 원하는 것을 하리다. 내게 바라는 것을 말하시오. 대왕이여, 전투 이외에 달리 바라는 것이 무엇이오? 대왕이여, 사람은 재물의 종이나 재물은 사람의 종이 아니라는 것이 진리요. 나는 까우라와들에게 재물로 묶여 있소. 꾸루의 기쁨이여, 그러기에 나는 단지 내시처럼 말할 뿐이오. 전투 이외에 달리 바라는 것이 무엇이오? 나는 까우라와들을 위해 싸울 것이오. 그러나 나는 그대의 승리를 바라오.'

유디슈티라가 말했다.

'브라만이시여, 승리를 축원해주십시오. 제 이로움을 말씀해주십시오. 꾸루의 후손들을 위해 싸워주십시오. 그것이 제가 바라는 소원입니다.'

드로나가 말했다.

'왕이여, 끄르슈나가 그대의 조언자이니 그대의 승리는 확실하오. 나는 그대가 전장에서 적을 물리치리라는 것을 알겠소. 다르마가 있는 곳에 끄르슈나가 있고, 끄르슈나가 있는 곳에 승리가 있소. 꾼띠의 아들이여, 가서 싸우시오. 내게 물으시오. 내가 그대에게 무슨 말을 하리까?'

유디슈티라가 말했다.

'당신께 묻습니다. 훌륭하신 브라만이여, 제가 말씀드리고자 하는 바를 들으려 합니다. 불패이신 당신을 전장에서 어찌 이길 수 있습니까?'

드로나가 말했다.

'내가 전장에서 싸우는 한 그대의 승리는 없으리. 왕이여, 그대의 아우들과 함께 나를 빨리 죽이려 애써야 할 것이오.'

유디슈티라가 말했다.

'아아, 그러하니 팔심 좋은 이여, 우리가 당신을 죽일 방법을 말씀해주십시오. 스승이시여, 발아래 엎드려 당신께 묻습니다. 당신께 귀의합니다.'

드로나가 말했다.

'친애하는 왕이여, 나는 전장에 서 있는 나를, 엄청난 화살비를 퍼부으며 맹렬하게 싸우는 나를 죽일만한 어떤 적도 보지 못했소. 왕이여, 내가 죽으려고 하지 않는 한, 무기를 내려놓지 않는 한, 정신을 놓고 있지 않는 한 전사들은 전장에서 나를 죽일 수 없을 것이오. 나는 그대에게 진실을 말하고 있소. 언제나 진실만 말하는 사람에게서 너무나도 좋지 않은 소식을 들은 뒤에는 내가 전장에서 무기를 버리게 될 것이오. 그대에게 나는 진실을 말하는 것이오.'[4]

산자야가 말했다.

"대왕이시여, 사려 깊은 바라드와자 아들의 이 같은 말을 들은 뒤, 유디슈티라는 스승을 떠나 고따마의 아들을 향해 갔지요. 끄르빠에게

---

4 나는 진실을 ~ _ 후대에 편집된 것으로 보이는 드로나의 이 말에는 후에 그의 죽음이 어떠하리라는 암시가 깔려 있다.

절을 올리고 오른쪽으로 돌아 예를 표한 뒤, 능변의 왕은 너무나도 범접
키 어려운 그에게 이렇게 말했습니다. '스승이시여, 흠결 없는 당신의
승낙을 얻어 싸우고자 합니다. 무구하신 이여, 당신의 허락으로 적들을
모두 이기고자 합니다.'"

이어지는 산자야의 이야기는 이러하다.

끄르빠가 말했다.

'싸울 결심을 하고서도 그대가 만약 내게 오지 않았다면, 대왕이여,
나는 어떻게든 그대가 패배하도록 저주했을 것이오. 대왕이여, 사람은
재물의 종이나 재물은 사람의 종이 아니라는 것이 진리요. 나는 까우라
와들에게 재물로 묶여 있소. 대왕이여, 그들을 위해 싸워야 한다고 나는
생각한다오. 그러기에 나는 단지 내시처럼 말할 뿐이오. 전투 이외에 달
리 바라는 것이 무엇이오?'

유디슈티라가 말했다.

'아아, 그러기에 당신께 묻습니다. 스승이시여, 제 말을 들어주소서.'

산자야가 말했다.

"이만큼 말한 뒤 왕은 고통으로 정신을 놓고 말을 잇지 못했습니다.
고따마의 아들은 그가 하고자 하던 말을 알아차리고는 이렇게 답했답니
다.

'대지를 지키는 이여, 나는 죽지 않는 사람이오. 싸우시오. 승리를

거두시오. 백성을 지키는 왕이여, 그대가 와서 기쁘기 그지없소. 일어날 때마다 그대의 승리를 기원하겠소. 내 말은 진실이오.'

대왕이시여, 고따마 아들 끄르빠의 말을 들은 뒤, 유디슈티라 왕은 그에게 작별을 고하고는 마드라의 왕 샬리야를 향해 갔습니다. 샬리야에게 절한 뒤 그의 오른쪽으로 돌아 예를 표한 왕은 자신의 이로움을 위해 범접키 어려운 그에게 말했답니다.

'흠결 없는 어른이시여, 당신과 싸울 수 있도록 허락해주십시오. 대왕이시여, 당신의 허락으로 적들을 물리치게 해주십시오.'"

이어지는 산자야의 이야기는 이러하다.

샬리야가 말했다.

'싸울 결심을 하고서도 그대가 만약 내게 오지 않았다면, 대왕이여, 나는 어떻게든 그대가 패배하도록 저주했을 것이오. 그대가 원하는 것이 이루어지기를! 그대가 예를 갖추어 흡족하오. 허락하오. 싸우시오. 승리를 거두시오. 영웅이여, 더 말해보시오. 무엇이 필요하시오? 내가 그대에게 무엇을 드리리까? 대왕이여, 내 마음은 이와 같거늘 전투 이외에 달리 바라는 것이 무엇이오? 대왕이여, 사람은 재물의 종이나 재물은 사람의 종이 아니라는 것이 진리요. 대왕이여, 나는 까우라와들에게 재물로 묶여 있소. 누이의 아들이여, 나는 그대가 바라는 것을 할 것이오. 나는 단지 내시처럼 말할 뿐이오. 전투 이외에 달리 바라는 것이 무엇이오?'

유디슈티라가 말했다.

'대왕이시여, 언제나 내게 더없이 이로운 말을 해주십시오. 적을 위해 마음껏 싸우십시오. 그것이 내가 바라는 소원입니다.'

샬리야가 말했다.

'훌륭한 왕이여, 그대에게 어떤 도움을 줄 수 있을지 말해보시오. 그 일을 하리다. 나는 그대의 적을 위해 힘껏 싸울 것이오. 나는 까우라와들에게 재물로 인해 선택되었기 때문이오.'

유디슈티라가 말했다.

'분투할 때5 당신이 약조하셨던 그것만이 진실로 내가 바라는 것입니다. 전장에서 마부 아들의 기를 죽이는 일을 해주십시오.'

샬리야가 말했다.

'꾼띠의 아들이여, 그대가 바라는 소망은 이루어질 것이오. 가시오. 자신감을 갖고 싸우시오. 그대의 승리를 기원하리다.'

산자야가 말했다.

"외숙부인 마드라 왕의 허락을 얻은 꾼띠의 아들은 아우들과 함께 저 대군으로부터 물러갔답니다. 그러나 와수데와의 아들이요 가다의 형인 *끄르슈나*는 전장에서 라다의 아들 까르나에게 다가가 빤다와들을 위

---

5 **분투할 때**_ 빤다와들과 다르따라슈트라들이 전쟁을 위해 편을 모으려 애쓰는 과정에서 샬리야는 본의 아니게 두료다나 편에 서게 되었으나 결정적 순간이 오면 빤다와들에게 유리한 일을 하겠다는 약조인 셈이다.

해 말했습니다.

'까르나여, 비슈마에 대한 미움 때문에 그대는 싸우지 않는다고 들었소. 라다의 아들이여, 비슈마가 죽임을 당하지 않는 동안에는 우리를 택하시오. 라다의 아들이여, 비슈마가 전장에서 죽거든 다시 돌아가시오. 그래서 드르따라슈트라 아들의 동지가 되시오. 그대가 만약 양쪽을 동등하게 본다면 말이오.'

까르나는 이렇게 답했지요.

'끄르슈나여, 나는 드르따라슈트라 아들에게 이롭지 않은 짓은 하지 않겠습니다. 목숨을 놓을 때까지 나는 두료다나의 이로움을 바라는 벗임을 아십시오.'"

이어지는 산자야의 이야기는 이러하다.

그 말을 들은 끄르슈나는 돌아가서 유디슈티라를 위시한 빤다와들과 합류했다. 빤다와들의 맏형은 이제 까우라와 병사들 한가운데 서서 말했다.

'우리를 택하는 자를 동지로 삼겠다!'

그러자 기쁨으로 벅찬 유유뜨수[6]가 저 다르마의 왕, 꾼띠의 아들 유디슈티라를 바라보며 말했다.

6 유유뜨수_ 드르따라슈트라가 간다리에게서 얻은 백 명의 아들이 아니라 와이샤 여인에게서 얻은 아들이다.

'무구한 대왕이시여, 만일 당신이 저를 택하신다면 저는 당신을 위해 이 전장에서 다르따라슈트라들에 맞서 싸우겠습니다.'

유디슈티라가 말했다.

'오라! 오라! 우리는 모두 함께 지혜 어둔 그대의 형제들에 맞서 싸우리! 유유뜨수여, 와아수데와 그리고 우리 모두 말하느니, 팔심 좋은 이여, 우리가 그대를 택하노라! 그대에게서 드르따라슈타의 제삿밥과 그를 잇는 후손이 보이느니. 빛이 넘치는 왕의 아들이여, 그대를 지지하는 우리를 지지하라! 지혜 어둡고 분심 가득한 다르따라슈트라들은 이제 없어지리라!'

산자야가 말했다.

"이리하여 유유뜨수 까우라와는 당신의 아들을 버리고 북치는 소리를 들으며 빤두 아들들의 군으로 갔습니다. 이제, 흡족해진 유디슈티라 왕은 아우들과 함께 다시 황금빛으로 빛나는 갑옷을 들었답니다. 저들 황소 같은 사람들 모두가 각자의 전차에 올라 이전과 같은 진을 쳤지요. 저들 황소 같은 자들이 수백의 북과 나팔을 울리며 사자의 포효로 들썩였습니다. 전차에 오른 범 같은 빤두의 아들들을 보고 드르슈타듐나를 위시한 왕들은 다시 한 번 기쁨에 전율했답니다. 우러러 마땅한 이들을 지극히 우러른 저 빤두의 아들들을 본 이 땅의 왕들은 더욱 더 그들을 떠받들었지요. 왕들은 고결한 유디슈티라의 때에 알맞은 동지애와 자비에 대해, 친지를 향한 지극한 정성에 대해 이야기를 나누었습니다. 사방에서 선하고 선하다는 칭송이 치솟았고, 마음과 가슴을 기쁘게 하는 저 영예로운 자들의 덕담이 퍼졌답니다. 빤두 아들들의 행적을 지켜본 그곳의 모두가, 믈레차건 아르얀이건 모두가 눈물을 흘렸지요. 그리고 마음 일어난 전사들이 수백의 큰북을 두드리고, 종을 흔들어 환호하며, 소젖처럼 새하얀 소라고둥을 불었습니다."